KB270537

다락원 | Spark Publishing

갈매기

The Seagull

안톤 체호프

다락원 | Spark Publishing

SPARKNOTES™ 044

갈매기

펴낸이 정규도
펴낸곳 (주)다락원

초판 1쇄 인쇄 2011년 4월 15일
초판 1쇄 발행 2011년 4월 22일

책임편집 안창열
디자인 정현석
번역 윤한정
표지삽화 손창복

다락원 경기도 파주시 교하읍 문발리 509-1
내용문의: (031)955-7272(내선 400)
구입문의: (02)736-2031(내선 112~114)
Fax: (02)732-2037
출판등록 1977년 9월 16일 제300-1977-23호

Copyright © 2011, 다락원

값 7,000원

ISBN   978-89-277-1993-9 43740

세계의 교양을 읽는다

고전을 왜 읽는가?

인간의 삶과 세상에 대한 영원한 물음이 있기 때문이다. 시대와 사상을 뛰어넘어 지금 여기 우리에게 필요한 물음이 없는 고전은 더 이상 고전이 아니다. 인간과 삶에 대한 근원적인 물음 없이 고전을 읽는다면 자신과 인간에 대한 성찰과 지혜로 이어지지 않는다. 논술 시험 때문에, 과제물 때문에, 아니면 남들이 읽으니까, 나도 읽는다는 식이라면 그 책은 죽은 책일 수밖에 없다.

고전을 살아 있는 책으로 만드는 이 '물음!'에 답하기 위해서는 좋은 길잡이가 필요하다. 오랜 기간 동안 미국의 고교생과 대학 주니어들이 시험, 에세이 작성, 심층토론 준비를 위해 바이블처럼 애용해온 'SPARKNOTES'와 'CliffsNotes'는 바로 그런 좋은 길잡이의 표본이다.

SPARKNOTES와 CliffsNotes의 가장 큰 장점은 방대하고 난해한 고전을 Chapter별로 요약하고 분석해서 원전의 내용에 보다 쉽고 체계적으로 접근하는 신속·간편성이라고 할 수 있다.

대입논술로 고민하고, 자칭 타칭의 고전이 넘쳐나는 오늘의 독서 풍토에서 지적 정복이 긴박한 대한민국 학생들에게 감히 이 시리즈를 자신있게 권한다.

—以貫之 논술연구모임 연구실장 이호곤

차례

이 책의 구성

SPARKNOTES와 CliffsNotes는 방대하고 난해한 원작을 보다 쉽게 이해할 수 있도록 돕는 안내서입니다. 여기에는 원작 이해를 돕기 위해 매 장마다 '요점 정리(또는 줄거리)'와 '풀어보기'가 실려 있습니다. '요점 정리(또는 줄거리)'에는 원저의 내용을 일목요연하게 정리해 놓아 저자가 전달하려는 내용을 어렵지 않게 파악할 수 있습니다. '풀어보기'에서는 철학서의 경우, 원저에 담긴 저자의 사상이나 관련 철학, 시대 상황, 논점 등을, 문학 작품인 경우에는 원작에 담긴 문학적 경향, 등장인물의 심리상태, 주제 등을 설명해 놓았습니다. 분석적이고 비판적인 글읽기의 바탕이 되는 요소들이죠. 비소설이나 소설을 막론하고 분석적이고 비판적인 글읽기는 독자에게 꼭 필요한 자질입니다.

그밖에도 원저를 좀더 깊이 복습해서 제대로 소화할 수 있도록 돕기 위해 'Study Questions'와 'Review Quiz' 등을 마련해 놓았습니다.

* 〈 〉는 철학서, 장편소설, 중편소설, 수필집, 시집. " "는 단편소설, 논문
* 작품명은 독자의 이해를 돕기 위해 예외적인 경우를 제외하고는 영어식으로 표기함.

간추린
명작
노트

안톤 파블로비치 체호프 Anton Pavlovich Chekhov는 1860년 1월 17일, 러시아 남부의 아조프 해 연안에 위치한 작은 항구도시 타간로그에서 파벨 예고로비치 체호프와 예프게니야 야코플레브나 모로조바의 셋째 아들로 태어났다. 할아버지는 농노(農奴)였고, 아버지는 잡화상이었다. 아버지는 체호프가 열여섯 살 때, 상점이 망하는 바람에 빚쟁이들을 피해 모스크바로 피신했다. 그 해 7월, 어머니는 체호프를 제외한 나머지 자식들을 데리고 남편을 찾아갔다. 체호프는 아버지가 남겨둔 집과 토지를 말도 안 되는 헐값에 구매한 남자의 조카를 가르치며 학비와 생계를 해결했고, 이미 어느 잡지사에 '자이카'(Zaika. 말더듬이)라고 부르던 형과 함께 우스꽝스러운 이야기들을 지어 기고하고 있었다. 1879년, 모스크바의 가족과 합류한 체호프는 의과대학에 다니면서 첫 단편소설 "지주이신 스테펜 블라디미로비치 N. 나리께서 그 동네의 박식한 이웃 프리데리크 박사에게 보낸 편지 The Letter from the Don Landowner Stephen Vladimirovich N. to his Learned Neighbor Dr. Friederick"를 출판했다. 이어 몇 해에 걸쳐 여러 편의 단편소설을 발표했고, 1884년에는 의과대학을 졸업했다.

1887년, 희곡 〈이바노프 *Ivanov*〉가 무대에 올려졌다. 첫 공연에 대한 관객의 반응은 신통치 않았으나 시간이 지나면서 크게 좋아져 1888년에는 '예술적 가치가 뛰어난 최고의 문학작품'에 수여하는 푸슈킨* 상(Pushkin Prize)을 받았다. 1890년에는 제국 정부가 세운 유형식민지 사할린 섬으로 여행을 떠나 3개월간 수감자들의 생활을 관찰하고 기록하며 지냈다. 1892년, 멜리코보에 땅을 취득하면서 집안 최초의 지주가 되었고, 2년 뒤에는 폐결핵에 걸렸다는 사실을 알게 되었으나 이미 상태가 많이 악화되어 있었다.

체호프의 대표적인 희곡은 〈이바노프〉, 〈갈매기 *The Seagull*〉(1895), 〈세 자매 *Three Sisters*〉(1900), 〈벚꽃 동산 *The Cherry Orchard*〉(1903) 등, 네 편이다. 〈갈매기〉는 1896년 상트페테르부르크의 알렉산드리네 극장에서 초연되었으나 어느 유명 여배우의 자선공연으로 광고되면서 그녀를 보기 위해 극장을 찾았던 관객들의 항의 사태가 벌어져 실패로 끝났다. 그 이후, 이 작품은 커다란 인기를 얻었고, 즉시 지방 순회공연에 나서 대성공을 거두었다. 1901년 5

---

* **알렉산드르 세르게예비치 푸슈킨**(Aleksandr Sergeevich Pushkin, 1799-1837): 러시아 국민시인, 소설가, 희곡작가. 조국의 정치적·역사적 상황에 대한 성찰과 민중에 대한 관심을 바탕으로 농노제 하의 현실을 묘사한 작품들을 내놓았으며, 집필 활동을 통해 러시아 문학뿐만 아니라 러시아어 자체의 발전에도 크게 기여했다. 주요 작품은 〈예프게니 오네긴〉, 〈대위의 딸〉 등.

월 25일, 체호프는 모스크바 예술극장*에서 그의 작품들에
주연으로 출연한 올가 크니페르와 결혼했으며, 당시 러시아
신연극의 기수인 연출가이자 연기 교사 콘스탄틴 스타니슬
라브스키와의 제휴와 갈등이 알려지면서 유명해졌다. 하위
텍스트**, 배우와 배우 사이의 거리 좁히기(intimacy), 간결
한 구어체 대사, 사실주의 기법을 사용한 그의 희곡들은 근
대 연극에서 하나의 새로운 운동을 이끌었다. 그의 희극적
비극들은 이전 희곡들처럼 남녀 주인공들의 커다란 몸짓들
이 아니라, 확연하게 눈에 띄는 줄거리나 사건도 없이 사랑
과 그리움 같은 일상적인 정황들, 그리고 개성이 다른 인간
들이 만들어내는 여러 관계들에서 연극을 만들어냈기 때문
에 그동안 관객들이 접해 왔던 희곡들과는 달랐다.

　　3년 뒤, 체호프는 건강이 급속히 악화되었으나 마지막
희곡 〈벚꽃 동산〉을 탈고했으며, 1904년 작가의 생일에 초
연되었다. 그리고 같은 해 7월 2일, 체호프는 의사의 권고

---

*　**모스크바 예술극장**(Moscow Art Theatre): 19세기 말, 러시아 연극계를 지배하던 멜
　로드라마가 아니라 새로 등장한 자연주의 연극의 온상으로 여겨졌으며, 체호프의 대표
　작 네 편을 공연하면서 순식간에 유명해졌다. 러시아 혁명 이후에 사회주의적 사실주의
　연극의 산실로서 정부의 전폭적인 지원을 받았으며, 아직도 붉은 광장 인근의 츠베르
　스카야 거리에서 작품을 무대에 올리고 있다. 1897년 설립되었으며, 갈매기가 마스코트.

**　**하위 텍스트**(subtext): 책, 희곡, 음악 작품 등에서 분명히 표현하지 않지만 함축되거나
　관객이 이해하게 되는 극 속의 극. 방백(傍白)으로만 제시되는 등장인물의 생각이나 동기,
　또는 흔히 비유를 통해 논란이 되는 주제들을 암시하는 데 사용되기도 한다. 대화의 기
　본 바탕이 되는 분위기나 암시적인 맥락으로서, 등장인물들이 말하지 않지만 실제로
　어떤 생각을 하고 무엇을 믿는지를 보여준다.

에 따라 아내와 함께 머물던 독일의 한 온천요양지에서 세상을 떠났다. 그의 아내에 의하면, 자신의 상태를 알아차리고 의사에게 죽음이 가까워졌다고 말한 남편은 의사가 샴페인을 시켜주자 '정말 오랜만'이라며 몇 모금 마시고는 돌아누워 숨을 거두었고, 시신은 '싱싱한 굴'이라고 적힌 화물칸에 실려 러시아로 돌아왔다.

체호프도 〈갈매기〉에 등장하는 초보 극작가 트레플레프처럼 그의 희곡으로 새로운 형식들을 탐구했는데, 사람들이 무대 위에서 꾸며내는 연기가 아니라 구사하는 말로 연극을 창조함으로써 희곡이 갖는 어떤 정형성에 대한 생각을 혁신적으로 바꿔놓았다.

체호프의 아르카디나가 연기하고 트레플레프가 경멸하는 멜로드라마*들과 달리, 〈갈매기〉의 중요한 사건들은 무대 밖에서 벌어진다. 니나와 트리고린의 연애, 갈매기 사냥, 마샤와 메드베덴코의 결혼 등이 모두 막과 막 사이에 일어나는 것. 〈갈매기〉에서 관객을 사로잡는 것은 등장인물들이 주요 사건들에 적응하고 살아남는 모습들인데, 모두가

---

* **멜로드라마**(melodrama): 그리스어로 노래를 의미하는 'melos'와 'drama'가 합쳐진 용어. 원래는 음악 반주가 따르는 연극을 일컬었지만, 일반적으로 극의 구성과 행동이 등장인물의 성격보다 더 강조되는 희곡이나 영화를 가리키며 악당의 등장으로 위기 상황이 발생하고, 주인공이 악당을 물리치거나 여주인공을 구출하면서 결국 선이 악을 물리치며 행복하게 끝나는 일종의 공식, 즉 권선징악적 구성이 특징이다. 근래에는 경멸적인 의미로 사용되는 것이 일반적이다.

살아가면서 겪는 실망과 역경을 저마다의 특이한 방식으로 이겨내고 있다. 그의 희곡들에서는 일상생활이 시적으로 우아하게 전개되며, 등장인물들에 의한 침묵, 상투적인 표현, 더듬거림, 고아한 어투를 쓰려는 시도들은 우리들 자신의 즉흥적인 삶을 그대로 보여주는 거울이다.

제1막: 해가 막 넘어간 무렵, 소린의 영지 겸 농장의 한 귀퉁이에 가설무대가 세워지고 있다. 무대 뒤의 호수는 자연 배경이 된다. 산책을 나갔던 메드베덴코와 마샤가 등장한다. 가난한 교사 메드베덴코가 경제적으로 여유로우면 '사랑하는' 마샤에게 외면당하지 않을 것이라고 힘없이 말하자, 영지 집사 사므라예프의 딸 마샤는 '쓸데없는 소리'라면서 그의 사랑은 고맙지만 받아들일 수 없다고 대꾸한다.

트레플레프는 초조한 마음으로 첫 희곡작품을 무대에 올릴 준비를 하느라 분주하다. 소린이 누이동생 아르카디나의 토라진 모습을 보고 그 연유를 묻자, 트레플레프는 어머니가 주인공이 니나인 것을 질투한 나머지 희곡을 보지도 않고 싫어한다고 대답한다. 소린은 지레짐작하고 흥분하지 말라며, 누이동생이 아들을 좋아한다고 다독거린다. 트레플레프는 꽃을 한 송이 꺾어 꽃잎을 하나씩 뜯어내며 점을 치고는 '어머니는 나를 싫어한다'고 결론짓고, 유명한 배우 부부의 아들이 아니라 자신의 작품으로서 어머니가 어울리는 내로라하는 작가들, 배우들, 다른 예술가들로부터 인정받고 싶다는 간절한 속내를 밝힌다.

발자국 소리가 들리고 니나가 등장한다. 니나는 아버

지와 계모가 외출한 틈을 타 왔다면서 30분 후에는 돌아가야 한다고 트레플레프를 채근하자, 소린이 사람들을 데리러 간다. 니나는 '두 분은 내가' 소린의 영지에서 '보헤미안들'과 어울리다 배우가 될 수도 있다며 걱정하는 것이라면서, '나는 마치 한 마리 갈매기처럼' 이곳의 호수에 마음이 끌린다고 말한다. 트레플레프가 입을 맞추며 사랑을 고백하지만, 니나는 말꼬리를 돌린다. 일꾼들과 손님들이 등장한다. 니나는 아르카디나의 애인이자 유명한 작가 트리고린 앞에서 연기할 생각에 흥분을 감추지 못하고, 트레플레프에게는 그의 작품이 '연기하기가 힘들다'며 투정을 부린다.

마샤의 어머니 폴리나와 의사 도른이 등장한다. 그들은 연인관계지만, 폴리나는 적극적으로 애정과 질투심을 드러내는 반면, 도른의 반응은 데면데면하다. 폴리나가 도른에게 다가가려는 순간, 아르카디나, 소린, 트리고린 등이 등장한다. 연극이 시작되기를 기다리던 아르카디나가 셰익스피어*의 〈햄릿 Hamlet〉에 나오는 거트루드의 대사를 읊어대자, 트레플레프가 아르카디나와 트리고린의 관계를 거트루드와 클로디어스의 타락한 관계에 빗대는 햄릿의 대사로

---

* **셰익스피어**(William Shakespeare, 1564-1616): 영국 극작가 겸 시인. 많은 작품을 통해 중세 연극에서 등장하는 평면적이고 진부한 인물 대신, '비록 허구의 존재이지만 실제 우리보다 더 입체적이고 사실적인 인물들'을 창조해내면서 희극과 비극을 고루 남겼다. 주요 작품은 〈로미오와 줄리엣〉, 〈베니스의 상인〉, 그리고 4대 비극으로 꼽히는 〈햄릿〉, 〈리어 왕〉, 〈오셀로〉, 〈맥베스〉 등.

응수한다*. 연극이 시작되고, 매우 추상적이고 상징적인 긴 독백이 낭송된다. 아르카디나가 연극의 흠을 잡고 수다를 떨며 여러 차례 공연을 방해하자, 트레플레프는 공연을 중단시키고 서둘러 자리를 뜬다.

아르카디나의 소개로 트리고린과 인사를 나눈 니나는 트리고린이 느낄 창작의 기쁨에 대해 경외심을 내보이고, 서둘러 집으로 향한다. 도른만 남고 모두 퇴장. 트레플레프가 돌아와 그의 희곡에 찬사를 보내는 도른에게 니나의 행방을 묻고, 이어 등장한 마샤의 만류를 뿌리친 채 니나를 뒤쫓는다. 마샤는 트레플레프를 사랑한다며 도움을 청하고, 도른은 가는 곳마다 짝사랑이 넘쳐나는데 아무것도 해줄 수 없다며 탄식한다.

제2막: 사므라예프와 아르카디나는 영지의 말들을 사용하는 문제를 놓고 언쟁을 벌인다. 아르카디나는 시내에 갈 때 말들을 써야겠다고 고집하고, 사므라예프는 곡식 운반 때문에 내줄 수 없다고 버티다가 다른 집사를 구하라며 퇴장한다. 발끈한 아르카디나도 다시는 영지에 오지 않겠

---

* 〈햄릿〉 제3막 4장. 부왕의 유령으로부터 당신의 독살과 숙부 클로디어스의 왕위계승에 얽힌 내막을 전해들은 햄릿은 숙부의 왕비가 된 어머니 거트루드를 찾아가 격렬하게 항의한다. 아르카디나가 '아, 햄릿아, 그만해 다오. 네 말 마디마디에 내 가슴이 훤히 들여다뵈는구나. 아무리 씻어도 지워지지 않을 이 시꺼먼 자국'이라는 거트루드의 대사를 읊자, 트레플레프는 '저 이불 밑, 번들거리며 땀내가 진동하고 음욕방탕이 활개 치는 침상 속에서 저 추잡한 돼지와 시시덕거리기나 하는 것이 고작'이라는 햄릿의 대사로 트리고린 같은 비열한 사내와 어울리는 어머니를 은근히 비난하고 있다.

다며 자리를 뜬다.

니나는 아르카디나와 트리고린 같은 유명인사가 보통 사람들과 똑같이 행동하는 모습에 깜짝 놀랐다고 중얼거린다. 사냥에서 돌아온 트레플레프가 죽은 갈매기를 그녀의 발밑에 내려놓으며 그녀에게 경의를 표하기 위해 잡았다면서 '나도' 언젠가는 그 갈매기처럼 될 것이라고 덧붙인다. 그들은 자기들 사이가 서먹서먹해진 것이 서로 상대방의 책임이라고 티격태격한다. 니나는 그가 '갈매기'처럼 상징정인 말만 한다며 나무라고, 트레플레프는 그의 희곡이 실패했기 때문에 '나'를 사랑하지 않는 것이라면서 그녀의 시든 사랑을 땅속으로 사라진 '호수'에 비유한다. 트레플레프는 수첩을 뒤적이며 걸어오는 트리고린을 보자, 니나에게 '눈빛까지' 변한다며 빈정대고 퇴장한다.

사정이 생겨 영지를 떠나기로 했다는 트리고린은 '젊고 아름다운' 니나와 입장이 바뀌어 그 속을 알고 싶다면서, 모든 경험을 언젠가는 써먹기 위해 마음속에 담아두거나 기록으로 남기려는 강박적이고도 충동적인 면이 있다며 작가의 고뇌를 털어놓고, 죽은 갈매기를 보고 새로운 단편소설의 영감을 얻었다고 말한다. 트리고린을 찾으며 등장한 아르카디나가 영지에 더 머물기로 했다고 알려준다.

제3막: 트리고린은 짐들이 놓인 소린의 식당에서 아침을 먹고, 그 곁에는 마샤가 서 있다. 마샤가 트레플레프에 대한 사랑을 접고 메드베덴코와 결혼하기로 결심했다면서, 작별인사를 건넨다. 트리고린은 트레프레프가 권총 자살을 시도했고, 자신에게 결투를 신청하는 등, 소란을 피워 아르카디나가 떠나려는 것이라고 밝힌다. 니나는 트리고린에게 이별의 선물로 한쪽에는 그의 이름 첫 글자들, 그리고 반대쪽에는 그의 저서 〈밤과 낮〉의 제목, 그리고 특정 쪽수와 행수가 새겨진 로켓*을 건넨다. 트리고린이 그 숫자에 해당하는 내용을 찾아보기 위해 퇴장한다.

트레플레프가 머리에 감긴 붕대를 갈아달라고 부탁하자, 아르카디나는 다시는 '그런 짓'을 하지 말라며 붕대를 감아준다. 지난날의 따뜻한 어머니 모습을 회상하며 누그러지던 두 사람의 관계는 트리고린의 이야기로 옮겨가면서, 험담과 인신모독으로 이어진다. 트레플레프가 눈물을 흘리며 니나의 사랑을 잃은 아픔을 토로한다. 아르카디나는 트리고린이 떠나면 니나가 돌아올 테니 낙담하지 말라며 화해를 청한다. 트리고린이 나타나자, 트레플레프가 퇴장한다. 떠날 준비가 되었느냐는 아르카디나의 물음에 트리고린은 '하루만 더' 머물자며 '황홀한… 사랑을 찾았고, 피할 이유도 없다'고 버티다가 아르카디나가 그를 한껏 치켜세우며 간청하자, 함께 떠나기로 결정한다.

---

* **로켓**(locket): 사진·머리카락·기념품 등을 넣는 금합(金盒). 목걸이 등에 달고 다닌다.

사므라예프가 들어와 마차가 준비되었다고 알린다. 마차를 타러 나갔던 트리고린이 지팡이를 찾으러 다시 들어오다가 니나와 마주친다. 니나는 배우가 되기 위해 모스크바로 떠날 것이라며 그곳에서 만나자고 말한다. 트리고린은 그녀가 투숙할 호텔 이름과 도착하면 즉시 알려달라는 말을 남기고 서둘러 자리를 든다.

2년 후.

제4막: 폭풍우가 몰아치는 밤, 트레플레프의 작업실로 바뀐 소린 집안의 응접실. 메드베덴코가 사흘이나 엄마를 보지 못한 아기가 불쌍하다며 오늘밤에는 함께 집으로 돌아가 젖을 먹이라고 애원하지만, 마샤는 '내일 가겠다'며 매몰차게 거부한다. 트레플레프와 폴리나가 등장한다. 마샤는 소파 옆에 폴리나가 가져온 담요를 깔고 소린의 잠자리를 마련한다. 메드베덴코가 못마땅한 표정의 장모와 트레플레프에게 작별인사를 건네고 퇴장한다. 폴리나는 트레플레프에게 글을 써서 돈도 벌고 용모도 아주 훤해졌다면서, 마샤를 좀더 다정하게 대해 달라고 부탁한다. 트레플레프가 아무 말 없이 방을 나간다. 마샤는 어머니 때문이라면서, 메드베덴코를 다른 지방의 학교로 보내주겠다는 말이 있으니 함께 떠나면 '한 달 이내에' 트레플레프를 완전히 잊을 것이라고 단언한다.

도른이 니나의 소재와 사는 형편에 대해 묻는다. 트레플레프는 트리고린과의 사이에서 낳은 아기가 죽자 트리고린은 '옛 애인'에게 돌아갔고, 배우로서의 삶은 더 형편없었던 것 같다면서, '제가' 한동안 순회공연을 따라다니고 숙소에도 찾아갔으나 만나주지 않다가 나중에 집으로 '갈매기'라고 서명한 편지를 몇 통 보내왔으며, 지금은 며칠째 시내 여관에서 묵고 있다는 사실을 밝힌다.

소린의 병세가 악화되었다는 연락을 받고 아르카디나와 트리고린이 영지로 온다. 트리고린은 트레플레프의 작품이 게재된 최근 잡지를 트레플레프에게 건네며 모스크바와 상트페테르부르크에서 '내게 당신에 관한 질문'을 던지는 사람이 많다고 치켜세운다. 다른 사람들이 로토놀이를 하는 사이, 트레플레프는 트리고린이 잡지에서 자기 작품만 읽고 트레플레프의 소설은 보지 않았다는 것을 발견하고 화를 억누르며 퇴장한다.

트레플레프가 사냥한 갈매기를 박제로 만들어놓았다는 사므라예프의 말에 트리고린은 '그런 부탁을 했던 기억이' 없다고 얼버무린다. 아르카디나는 로토를 하던 사람들에게 저녁을 먹자며 식당으로 데리고 간다.

작업실에 홀로 남겨진 트레플레프는 원고를 훑어보며 상투적이고 졸렬하다면서, 트리고린이라면 어떻게 쓸지를 비교하며 시샘과 절망감을 느낀다. 그때 창문 두드리는 소리가 들린다. 트레플레프가 나가 두리번거리다 니나를 데리고 들어온다. 니나는 아르카디나에게 들키면 안 된다며 문을 잠그라고 부탁한다. 트레플레프는 '여기는' 자물쇠가 없다며 의자로 문을 막는다. 감격한 트레플레프가 '왜' 이제야 왔느냐며, 지난 일주일 동안 하루에도 몇 번씩 여관에 갔었다고 털어놓는다. 마찬가지로 몇 번이나 이곳에 왔지만 들어올 용기가 없었다는 니나는 '당신은' 작가가 되고 '나는' 배우가 되었지만 삶이 비참하다면서, 예전에는 '당신을 사랑하고 명성을 꿈꾸며' 즐겁게 살았으나 내일 아침에는 3등차를 타고 엘레츠로 가는 신세라고 한탄한다.

트레플레프는 변함없는 사랑을 고백하고, 함께 성공을 공유할 그녀가 떠나자 너무도 괴롭고 무의미했다고 고백한다. 니나는 뛰어난 배우가 아니라는 사실을 깨닫고 참으로 절망적이었다면서, 우연히 나타난 사내가 갈매기 같은 처녀를 파멸시킨다는 트리고린의 이야기를 곱씹으며 횡설수설하다가 배우나 작가에게 중요한 것은 성공과 명성이 아니라 인내라며 '남은 인생도 전혀 두렵지 않다'고 말한다. 트레플레프는 '너무 지쳤다'는 니나를 붙잡는다. 니나는 '그이를 전보다 더,' 그리고 '안타깝게 사랑한다'며 자조 섞인 말을 하고, 트레플레프와 연극할 때 느꼈던 순수와 희망을 떠올리며 대사를 읊조리다가 그를 포옹하고는 밖으로 뛰쳐나간다. 트레플레프는 원고를 찢어 책상 밑에 던져놓고 퇴장한다.

　저녁을 먹으러 갔던 사람들이 의자를 밀고 들어와 탁자 주위에 앉는다. 사므라예프가 트리고린을 한쪽 구석으로 데려가 갈매기 박제를 보여주지만, 트리고린은 '전혀 기억이 없다'고 말한다. 한 발의 총성이 울리고, 아르카디나는 겁에 질린다. 상황을 알아보기 위해 밖으로 나갔던 도린이 돌아와 '에테르 병이 터진 것'이라며 안심시키고, 트리고린을 불러 트레플레프가 자살했으니 그녀를 '어디로든' 데려가라고 부탁한다.

(* 나이는 희곡의 시작 기점)

● **콘스탄틴 가브릴로비치 트레플레프** Konstantin Gavrilovich Treplev │ 성공한 여배우 아르카디나의 외아들이자, 영지 주인 소린의 조카(25세). 어머니와 그녀의 연인인 유명 작가 트리고린의 그늘 속에서 작가로서의 제 목소리를 찾기 위해 고군분투한다. 조급하고, 패배의식이 강하며, 체호프 시절 러시아에 등장한 상징적 글쓰기라는 새로운 물결을 반영하는 형식의 연극과 문학작품을 창조하려고 시도한다. 그의 글은 체호프 자신의 작품을 희화한다. 애정의 공허감을 자기 능력에 대한 의심으로 가득 채운 몽상가이자 가련한 영혼이며, 니나에게 사랑을 거부당하자 자살한다. 애칭은 '코스챠'.

● **이리나 니콜라예브나 아르카디나(아르카지나)** Irina Nikolayevna Arkadina │ 체호프가 등단한 시기에 러시아 연극의 주류를 이루던 장엄하고 멜로드라마적인 연극들에서 여주인공을 맡은 유명한 여배우(43세). 트레플레프의 어머니, 트리고린의 연인, 소린의 누이동생이자, 아들 트레플레프가 들어가려고 열망하는 러시아의 지식인 계급과 예술

가 공동체의 일원. 고집 세고, 허영심이 강하고, 인색하고, 아들에게는 이기적이지만 연인에게는 지나칠 정도로 약한 모습을 보인다. 다른 사람들의 관심을 즐기며, 거리낌 없이 요구한다. 이기적인 경쟁의식 때문에 아들의 창의적인 기개를 꺾는가 하면, 항상 젊게 보이고 젊은 마음을 지니려는 집착에서 헤어나지 못한다.

● **니나 미하일로브나 자레치나야** Nina Mikhailovna Zarechnaya | 이 희곡의 무대인 호수를 경계로 소린의 영지와 이웃한 영지에서 성장한 처녀(19세). 어머니는 죽으면서 모든 유산을 남편에게 남겼고, 재혼한 아버지는 그것을 후처의 이름으로 옮겨놓으면서 니나의 미래가 불안해졌다. 아버지와 계모가 딸을 얼마나 매몰차게 대하는지는 등장인물들의 대화에서 간접적으로 나타난다. 트레플레프를 사랑하지만, 어쩌면 자신이 꿈꾸는 대배우 아르카디나에게 가까이 데려다줄지 모른다는 생각을 사랑하고 있는 것인지도 모른다. 순진하고, 영리하고, 이상적이고, 모험을 마다하지 않으며, 일류 배우가 되고 싶은 마음이 간절한 구제불능의 낭만주의자. 트리고린의 유명세를 동경하며 사랑에 빠졌으나 버림을 받고 이류 배우로 살아간다.

● **보리스 알렉세이예비치 트리고린** Boris Alexeyevich

Trigorin | 아르카디나의 연인이자, 유명한 작가(35세). 편집적으로 소설의 소재를 찾아 주변을 관찰하고 기록하며, 낚시를 즐긴다. 젊은 시절에는 작가의 꿈을 이루느라 겨를이 없었기 때문에 젊음과 낭만적인 경험을 놓쳤다며, 아르카디나를 버리고 니나에게 흑심을 품는 구실로 삼는다. 그러나 니나와의 사이에서 생긴 아이가 죽고 싫증이 느껴지자, 그동안 양다리를 걸치고 있던 아르카디나에게 다시 돌아간다. 트레플레프에게서는 어머니와 사랑하는 여인마저 빼앗아간 인물.

● **표도르 니콜라예비치 소린** Fodor Nikolayevich Sorin | 이 희곡의 배경인 영지의 주인(60세). 28년간 법무부 관리를 지냈으며, 지금은 영지에서 노후를 보내고 있다. 아르카디나의 오빠이자, 트레플레프의 외삼촌. 입이 무겁고 남의 말을 잘 들어주며, 조카와 누이동생의 재능을 존중해 주는 상냥한 성품의 소유자. 사랑하는 사람을 만나고, 작가로도 성공하고 싶었지만 뜻을 이루지 못했다. 조카에게서 자신의 모습을 보고 누이동생에게 돈도 주고 격려도 하라고 귀띔한다.

● **예프게니 세르게이예비치 도른** Yevgeny Sergeyevich Dorn | 한때는 명성이 자자하고 잘 생겨 부인네들의 관심

을 끌었던 산부인과 의사(55세). 무대 위의 관객 같은 역할을 하면서 외부자의 관점을 제공할 때가 많다. 즉 연극 속의 욕망과 절망에는 크게 영향을 주지 않지만, 그 사건들의 유동적인 관찰자이자 논평자, 막역한 친구, 증인으로서 중요한 구실을 하는 인물. 오랫동안 아르카디나, 소린 등 많은 등장인물들을 지켜보았으며, 폴리나의 애정공세를 받고 있으나 사랑하지는 않는 것 같다. 소린처럼 트레플레프의 재능을 존중하고, 의기소침한 아들의 기상을 꺾으려고 드는 아르카디나를 다독여 부드럽게 만들려고 한다.

● **마샤 사므라예프** Masha Shamrayev | 소린 영지의 집사 사므라예프와 폴리나의 딸(22세). 자신의 인생이 아무런 희망도 없다면서 애도의 의미로 항상 검은 옷을 입는다. 트레플레프를 향한 열정을 드러내지 못하고 괴로워하면서도 정작 자신에게 사랑을 고백하는 메드베덴코의 아픔을 이해하지 못하고 매몰차게 대하는 여인. 결국, 트레플레프를 잊기 위해 메드베덴코와 결혼하고 아이까지 낳지만, 그 사랑은 그칠 줄 모르고 타오른다. 살아가며 겪는 좌절들에 굴복하고 그것들을 받아들이면서 이사와 망각을 통한 변화와 새로운 삶의 희망으로 성취하지 못한 꿈들로부터 헤어나려하지만 뜻대로 되지 않는다.

● **일리야 아프나시예비치 사므라예프** Ilya Afanasyevich Shamrayev | 마샤의 아버지, 폴리나의 남편, 소린 영지의 집사. 아르카디나의 명성, 재산, 유명한 예술가들과의 친분을 숭배하며, 그녀의 자화자찬과 연극계에서 겪은 시시콜콜한 이야기조차 넋을 잃고 경청하지만, 농장 관리와 관련된 문제에 대해서는 막무가내로 권위를 굽히지 않는다. 나중에 사위가 되는 메드베덴코를 냉정하게 대하며, 아내에게는 무심하고 성가신 존재.

● **세미욘 세미요노비치 메드베덴코(메드베젠코)** Semyon Semyonovich Medvedenko | 가난한 교사, 대식구의 가장, 마샤의 남편. 우유부단하고 인습에 찌든 인물. 끈질기게 마샤를 쫓아다니다 마침내 결혼하고 아이도 낳지만, 트레플레프를 마음속에 품고 있는 아내로부터 진정한 사랑은 얻지 못한다.

● **폴리나 안드리예브나** Paulina Anryevna | 사므라예프의 아내이자, 마샤의 어머니. 남편이 종종 주인의 여동생이자 유명한 배우 아르카디나와 다투는 바람에 안절부절못한다. 의사 도른을 사랑하기 때문에 다른 여자들에게 질투심을 느끼며, 그의 미적지근한 애정에 만족하지 못한다. 마샤가 트레플레프를 짝사랑하면서도 메드베덴코와 결혼하는

모습에서 자신의 불행을 보고, 결혼한 뒤에도 트레플레프의 곁에서 맴도는 딸을 안쓰러워하며 트레플레프에게 조금만 다정하게 대해 주라고 부탁한다. 반면, 사위에게는 매몰찬 장모.

● **야코프** Yakov | 소린 영지의 하인.

콘스탄틴 트레플레프

유명한 여배우 이리나 아르카디나의 외아들. 제1막에서는 자신이 쓰고 연출하는 첫 희곡이 어떤 평가를 받을지 초조하고 위축된 모습으로 기다리고 있다. 어머니가 연극계에서 크게 성공한 배우이고, 어머니의 연인 트리고린도 유명한 작가이기 때문에 자신과 작품에 대한 반응에 엄청난 부담감을 느끼고 있는 것. 아르카디나가 주인공으로 출연했던 멜로드라마적인 도덕극*을 높이 평가하지 않고, 철학, 인류에 대한 관찰, 우주 속의 실존을 표현하는 고차원적인 형식의 희곡을 지향하면서 새로운 예술 형태를 창조하겠다는 결의는 어머니의 인정, 애정, 사랑을 얻고픈 억누를 수 없는 욕망과 직결되어 있다.

어쩌면 어머니가 순회공연으로 집을 비울 때가 많았고 극도의 허영심으로 인해 아들보다는 자신에게 더 많은 시

---

* **도덕극**(morality play): 15-16세기, 도덕적이고 종교적인 속성들을 의인화한 다양한 인물들을 등장시켜 무지한 관객들을 교화할 목적으로 유럽 전역의 종교 행사에서 공연되었던 연극의 한 유형. 16세기에 중세 연극이 르네상스 연극으로 이어질 변화를 겪기 시작하면서 지식, 정부, 교육, 종파 분쟁 같은 세속적인 문제들도 다루기 시작했다. 16세기 말, 관객의 기호가 바뀌면서 점차 사라지고 르네상스 시대 연극이 꽃피게 되었지만, 이 유형의 연극이 지닌 우의적 특성은 근대 연극에서도 그 흔적을 찾아볼 수 있다.

간을 쏟았기 때문에 어머니의 인정과 관심이 절실해졌는지도 모른다. 그러나 자기 나름의 방식으로 어머니의 찬사를 얻기 위해 멜로드라마나 고전적 구조의 희곡을 쓰지 않고, 대담하고 추상적인 소재를 다루면서 어머니의 배역을 빼내고 이웃처녀 니나를 출연시켜 어머니가 받을 관심을 빼앗는다. 즉 어머니의 총애를 원하면서도 자신의 기호와 견해를 바꾸지 않고 어머니의 명성과는 무관하게 자신의 실체와 작품만으로 인정받고자 하는 것.

이 작품의 도입부에서는 아직 혼자 힘으로 입지를 구축하지 못했기 때문에 지식층을 구성하는 어머니의 주변인물들과 교류할 수 없는 처지가 안타까울 뿐이다. 그리고 니나를 너무 사랑하지만, 니나는 그를 사랑하지 않고 그와의 만남을 통해 얻을 수 있는 것에 관심이 있는 듯하다. 그는 어머니가 소유한 실체인 사랑과 명성을 원하고, 얄궂게도 어머니 못지않게 이기적이며, 자신의 희곡에 대한 도른과 소린의 호평에는 거의 무관심하고 고마워하지도 않는다.

이따금 그는 햄릿 같은 인물로 간주되기도 하는데, 그와 어머니, 트리고린의 관계가 셰익스피어의 햄릿, 거트루드, 클로디어스의 관계와 유사하기 때문이다. 심지어 제1막에서 아르카디나는 연기력을 과시하고 트레플레프를 조롱할 때, 〈햄릿〉의 대사를 인용한다.

제4막에서는 작품을 출간한 작가가 되어서도 니나의

부재 때문에 공허함을 느낀다. 그녀가 어머니의 애인에게 빠져 떠난 뒤에도 잊지 못하고 먼발치에서 그리워하다가 마침내 그녀의 사랑이 변함없다는 사실을 확인하자, 원고를 찢어버리고 자살한다. 스스로 목숨을 끊음으로써 그의 삶에 생긴 사랑의 빈자리를 채우는 것.

이리나 아르카디나

〈갈매기〉의 네 주인공 가운데 한 사람. 여전히 아름답지만 미모도 명성도 한창때를 지난 귀족 출신의 중년 여배우. 성공한 연극배우이자 유명한 작가 트리고린의 연인이란 위치를 통해 러시아의 또 다른 귀족 계급인 지식층과 예술가 공동체의 일원이 된다. 트레플레프의 아버지인 첫 남편은 키에프 출신의 낮은 신분이었기 때문에 여러 면에서 은근히 아들을 무시하는 경향이 있다. 그녀의 견해는 이기적이고, 위선적이다. 가령, 아버지의 출신을 업신여겨 아들을 무시하지만, 정작 그 사내를 사랑하고 그 사내의 흔적이 묻은 아들을 낳은 것은 바로 자신이다.

그녀가 교류하는 집단에 대해 아들이 자신감이나 소속감을 갖도록 도와주지 않고, 아들이 그녀로부터 뭇사람들의 관심을 빼앗아가는 것도 원치 않는다. 끊임없이 화려했던 시절에 대해 떠벌이며 다른 사람들이 들어주기 바라지만, 트레플레프에게는 한 치도 양보하지 않으려 한다. 아들의 작품에 대해서는 회의적이고, 매몰차고, 트집을 잡고, 시비를 거는 것.

위선 때문에 극단적이고 모순적인 결점은 있으되 상대방에게 호감을 주는 부분도 조금은 있다. 제4막에서 아들이 작품을 출판하고 어엿한 작가가 되었을 때, 서슴없이 읽어본 적이 없다고 시인하는 반면, 트리고린에 대해서는 사랑이 넘치고, 세심하게 신경을 쓰며, 쓸개도 없는 듯이 행동한다. 가령, 니나에게 반한 트리고린이 떠나려 하자 무릎을 꿇고 듣기 좋은 소리와 입맞춤을 퍼부으며 간곡하게 붙잡는 것. 아들만큼이나 사랑에 굶주려 있으면서도 혈육이 아니라 숭배자들, 팬들, 연인들로부터 사랑을 추구하고 있다.

체호프가 이 작품을 '희극'이라고 묘사하는데는 아르카디나의 역할이 아주 크다. 악당이나 영웅이 아니며, 지나치게 허영심이 강하고 돈에는 인색한 면을 스스로 증명하면서도 트레플레프의 머리에 붕대를 갈아줄 때, 니나에게 배우가 되라고 격려할 때, 오빠 소린이 의식을 잃자 두려워 비명을 지를 때처럼 자상하고 연약한 면을 슬쩍슬쩍 내비치는 경우도 있다.

니나

〈갈매기〉에서 처음으로 '갈매기'를 언급하는 인물. 자신을 소린의 영지와 자기 부모의 영지의 경계를 이루는 호수에 이끌려 날아온 갈매기에 비유하는 것. 트리고린에게 버림받고, 오랫동안 배우로서 좌절감을 맛본 이후에 트레플레프를 찾아갔을 때도 여전히 트리고린에 대한 사랑을 놓지 않고 있다. 제1막에서 배우가 되기를 갈망하는 이상주의적이고 온갖 애교를 떠는 몽상가보다는 자식과 사랑을 잃고 이류 배우로 전락한 이후에 훨씬 더 슬기롭고 강한 모습을 보인다. 그러나 혼란스럽고 지친 상태에서 반복적으로 '나는 갈매기'라고 말할 때는 우리에게 그녀가 얼마나 많이 변했으며, 다른 인물들은 삶에서 얼마나 많은 좌절들을 겪었는지 생각하게 한다. 아픔과 실망을 안고서도 계속 살아갈 수 있는 강인한 모습은 그녀가 자기 없이도 살 수 있다는 것을 목격하고 자살하는 트레플레프의 연약한 모습과 극명하게 대비된다.

주제, 모티프, 상징

| 주제 |

문학 작품에서 전체 내용을 관통하는 근본적이고 포괄적인 생각.

예술가는 삶과 사랑에서 어떤 역할을 하는가?

체호프는 단순히 예술가들과 그들의 사랑에 대해 글을 쓰지 않고 예술과 사랑이 구현되는 모습을 무대 위에서 창조하고 있다. 등장인물들의 특이한 개성을 통해 다양한 방식으로 예술가, 특히 사랑에 빠진 예술가의 모습을 보여주는 것. 네 명의 중심인물들—아르카디나, 트리고린, 트레플레프, 니나—은 모두 사랑에 빠진 예술가들이며, 그들의 기예와 연인들은 서로 얽혀 있다. 아르카디나와 니나는 연기를 삶의 일상적인 문제들보다 더 높은 대좌 위에 올려놓는 낭만적인 인물들이다. 아르카디나는 배우라는 신분을 허영심의 핑계로 삼아 스스로 이 대좌 위에 올라간다. 니나도 연기를 찬양하지만, 아르카디나와 달리 연기에 고귀함, 희생, 특권을 부여한다. 트레플레프는 작품을 쓸 때, 완벽을 추구하면서 무기력해지는 반면, 트리고린은 집요할 만큼 자신의 삶과 주변사람들의 삶에서 세세한 소재를 수집하면서도 작품 때문에 자신의 삶이 영향을 받는 일은 없다.

체호프는 삶과 사랑에서 예술가나 예술가의 역할에 대한 견해를 제시하지 않는다. 완전히 선하거나 완전히 악한 등장인물은 없고, 우리가 그들의 언행을 공감하고 의심하도록 묘사하고 있는 것이다. 다시 말해, 사랑과 예술가에 관한 여러 장면들을 제시함으로써 관객들이 그들의 삶과 연인들의 삶을 반영하거나 반영하지 않을 수도 있는 예들로부터 그들의 것을 취하게 해주는 것이다. 네 인물들이 모두 어느 정도는 예술을 추구한다고 말할 수 있는 이유는 그들의 작품을 통해 찬탄과 존경을 받으면 그들의 자아가 힘을 얻기 때문이다. 특히 트레플레프는 자신의 재능과 인간적인 모습에서도 똑같이 찬탄을 받고 싶은 마음이 간절하다. 그의 자아는 어머니와 니나에 의해 상처를 받는다. 그에게는 사랑과 인생에서 모두 성공하는 것이 중요하지만, 어느 쪽에서도 뜻을 이루지 못한다. 작가로서 성공을 거두었지만 결코 만족하지 못하고, 그의 말마따나 한 작품을 끝내면 즉시 다른 작품을 준비해야 하는 강박관념 속에서 살아가는 트리고린이 니나를 원하는 이유는 작품에서 얻지 못하는 만족과 성취감을, 젊은 시절에 느낀 공허함을 채워줄 사랑으로 대체할 수도 있다고 생각하기 때문이다. 어떤 의미에서는 이런 인물들이 예술가가 되면서 얻는 만족감은 결국 사랑받는다는 느낌과 같은 것이다.

자아의 평가

　〈갈매기〉의 등장인물들은 자기를 의식하는지, 아니면 자의식이 완전히 결여되었는지에 따라 구분할 수 있다. 소린의 영지라는 무대는 등장인물들이 서로에게 이야기와 꿈들을 피력하며 소일하면서 인생과 자신들에 관한 생각이나 견해를 극적으로 탐구할 배경을 제공한다. 트레플레프는 스스로 높게 설정한 인정 기준과 연이은 실패에 따른 취약성 때문에 인생을 망칠 정도로 가장 가혹하게 비판한다. 인생을 장난스럽게 평가하는 소린도 트레플레프의 몸부림을 목격하면서 빠르게 시들어가는 인생을 곰곰이 반추하고, 도른과 주변사람들에게 자신의 인생과 이루지 못한 꿈들에 대한 미련을 표현한다. 자신의 인생을 애도하는 마샤는 트레플레프 같은 탁월한 언변과 소린 같은 자조(自嘲) 역량은 없으면서도 좌절과 권태라는 무미건조한 단순성만 지닌 처지가 못마땅하다. 소린은 도른에게 모든 것을 가졌다며 부러워하는데, 도른은 의사로서 평생 휴가도 없이 그저 다른 사람들의 필요에 따라 불려 다니면서 인생을 보냈다고 짜증을 내며 유감을 표하면서도 자기연민은 없다.

　니나도 배우가 되려는 목표와 자신을 평가한다. 처음에는 명성과 연기에 대한 외경심에서 명성과 큰돈이 생기면 자신을 사랑하고 행복을 발견할 것이라고 믿다가 제4막에서 다시 등장할 때는 이전보다 희망은 줄었지만 실패하거나 명성을 얻지 못하더라도 버티는 한은 인생을 잘 산 것이라고 인식하면서 올바른 생각을 갖게 된다.

실존주의와 삶의 의미

결국 죽음으로 끝날 수밖에 없는 삶의 목적에 관한 실존적 사유는 〈갈매기〉에 등장하는 일부 인물들을 곤혹스럽게 만든다. 먼저 마샤는 제1막 도입부에서 메드베덴코가 항상 검은 옷을 입는 이유를 묻자, '제 인생을 애도하는 것'이라고 답하면서 이 주제로 우리의 관심을 끌어들이고, 죽음에 대한 애도의 목적을 삶으로 전환시킨다. 이 관점은 이 희곡의 어조를 정한다. 마샤는 은근히 트레플레프가 짝사랑을 받아주면 삶이 바뀔 것이란 희망을 품고 자신의 삶에 대한 권태와 불만을 한탄하고 있다. 트레플레프가 그녀를 사랑한다면, 갑자기 그녀의 삶이 목적과 의미를 갖게 되리라는 것. 사랑하는 사람의 사랑을 받지 못하는 마샤는 삶을 헛되고 죽음처럼 피할 수도 없는 형벌로 간주한다. 나중에는 진전 없는 사랑의 괴로움과 권태를 떨쳐버리기 위해 메드베덴코와 결혼하지만 삶은 여전히 그녀를 우울하게 만들고, 트레플레프를 향한 갈망은 더욱 강렬해진다.

자신이 왜 살고 있는지 궁금한 소린은 트레플레프가 자신이 한때 목표로 삼았던 작가와 애인이 되려는 목표들을 이루기 위해 몸부림치는 모습을 지켜보며 공감하면서도 자기의 삶이 갖는 의미를 이해하지 못한다. 삶의 대부분을 사무실에서 일하며 보냈고, 그런 일이 왜 또는 어떻게 일어나게 되었는지 모르고 있는 것. 그의 말처럼 '그건 그냥 일어났을 뿐'이다. 바라던 것을 얻은 적이 없는 소린에게 성취된 목표들이 없는 삶은 공허하고 무의미하다.

삶에서 의미를 추구하는 트레플레프와 니나도 일을 통해 정체성을 발견할 것이라고 믿는다. 각각 배우와 작가가 되는 것이 소망인 니나와 트레플레프는 목표가 성취되면 삶에 더 많은 의미와 기회가 생길 것이라고 믿으면서, 의미 있는 삶을 다른 사람들의 찬탄과 결부시킨다. 제4막에서 그 생각을 바꾼 니나는 이류 배우로 굳어지면서 인내가 성공보다 더 고귀하다는 새로운 믿음을 받아들인다.

| 모티프 |

작품의 대표적인 주제들과 관련하여 전체에 통일감을 주는 것으로, 되풀이되는 구조나 대비, 또는 문학적 장치, 등.

짝사랑

얄궂게도 〈갈매기〉의 대다수 등장인물들을 묶어주는 구조적 접착제. 메드베덴코는 마샤를 사랑하지만, 마샤는 트레플레프를 사랑한다. 트레플레프는 마샤가 아니라 니나를 사랑한다. 니나는 잠시 트레플레프를 사랑하지만, 이내 트리고린과 뜨거운 사랑에 빠진다. 아르카디나는 트리고린을 사랑하지만, 그의 사랑을 니나에게 빼앗긴다. 폴리나는 사므라예프와 결혼했으면서도 도른을 사랑한다. 도른은 이따금 폴리나에게 애정을 보이지만, 이 희곡이 시작되기 전에 이미 냉담해졌고 계속 희미해진다. 이처럼 얽히고설킨 애정관계는 서로를 공명(共鳴)하고 반사하면서 서로의 비교대상이자 거울 역할을 한다. 그들은 삶과 사랑의 다른 단계들을 대표하는데, 가장 분명한 비교대상으로는 폴리나와 마샤를 꼽을 수 있다. 마샤의 짝사랑과 메드베덴코와의 결혼 결심은 어머니의 불행한 결혼과 도른을 향한 짝사랑과 닮은 것 같다.

실존적 위기

마샤, 소린, 트레플레프, 트리고린은 〈갈매기〉에서 실존적 위기를 겪는다. 삶을 증오하며, 권태롭고 불행한 삶을 계속 이어나갈 이유를 모르는 마샤는 고통과 실망으로부터 숨기 위해 담배와 술에 의존한다. 인생의 절반을 훌쩍 넘겼지만 이른바 '노년의 위기'와 실존적 위기를 우연히 만난 소린은 살면서 어떤 일을 했는지 의문을 제기하고, 젊은 시절에 목표를 이루기 위해 시도하지 않았던 것을 후회한다. 삶에서 방향이 없는 트레플레프는 스스로 재능이 있고 창조적이며 위대해질 수 있다고 생각하지만, 마음속이나 주장에 정확한 목표가 없고 능력이 야심에 압도당한다. 니나의 사랑을 잃고, 어머니를 감동시키지 못하며, 트리고린의 성공에 가려진 그늘 속에 살면서 삶의 기백과 의욕을 좀먹어가고 있는 것.

니나와의 사랑 놀음을 기대하면서 흥분할 때 실존적 위기를 맞는 트리고린은 이 희곡 서두에서는 자신의 삶이나 선택들에 대해 적극적으로 의심하지 않고 만족하는 것 같았다. 그러나 그의 작품과 그와 맺을 관계에 대해 니나가 관심을 보이자, 자신의 삶과 그 삶의 현재 의미를 생각하지 않을 수 없게 된다. 니나는 그에게 두 번째 청춘을 의미하는데, 아르카디나에게 그동안 집필 작업에 몰두하느라 제대로 즐기지 못하고 보낸 청춘을 다시 살 수 있도록 니나와 지내게 해달라고 간청할 만큼 이기적이고 몸이 달아 있다. 니나의 사랑이 그의 눈을 뜨게 만들고 이전에는 경험하지 못했던 자신에 관한 새로운 의미의 자각을 이끌어내는 것이다. 일단, 과거에 잃어버린 것이 무엇인지를 깨닫자, 그는 새로운 경험이라는 모험을 포함하지 않는 미래는 믿지 못한다. 과거의 삶은 의미를 잃었고, 그의 미래는 니나와 연인 관계를 맺으려고 노력해야 의미를 갖게 될 것만 같다.

실존의 평범성

이 작품 내내 체호프는 판에 박힌 일상을 반복적으로

묘사하면서 평범한 경험들 사이에서 일어나며 인생을 바꿔놓는 사건들과 우리 모두에게 공통적인 평범한 경험들을 강조한다. 저녁식사를 하러 가고, 카드놀이를 하고, 목청 높여 글을 읽고, 붕대를 감고, 마실 물을 청하는 것, 등은 인간으로서 겪는 일상적인 관행과 평범하지 않지만 우리의 인생을 영원히 바꿔버리는 순간들의 특이성을 끊임없이 강조한다.

| 상징 |

추상적인 관념이나 개념을 표현하기 위해 사용하는 사물, 기호, 인물, 색, 등.

갈매기

체호프가 희곡 제목으로 사용한 최초의 상징인데, 또 다른 예는 〈벚꽃 동산〉의 벚꽃 동산이다. 갈매기의 이미지는 작품이 진행되면서 그 의미가 변한다. 니나는 제1막에서 유년시절의 집과 이웃 소린의 영지에 인접한 호수로 이끌려오는 방식을 묘사하기 위해 사용하는데, 이 경우에는 자유와 안전을 상징한다.

제2막에서 트레플레프는 사냥한 갈매기를 니나의 발밑에 내려놓고 언젠가 자신도 그 갈매기처럼 니나에게 경의를 표하기 위해 죽게 될 것이라고 말한다. 나중에 트리고린은 그 갈매기를 니나와 자신이 그녀를 파괴하는 방식의 상징으로 이용한다. 니나는 트리고린과의 관계가 끝난 이후에 잠시 고향에 들렀을 때 트레플레프에게 '갈매기'라고 서명한 편지를 여러 통 보내고, 제4막에서는 ' 나는 갈매기'라고 말했다가 재빨리 '배우'라고 말을 바꾸기도 한다. 갈매기의 의미가 자유와 안전에서 연인의 손에 의한 파괴로 변하는 것인데, 처음에는 자유를 상징하다가 나중에는 의존을 상징하게 되는 것이다. 갈매기는 예고 장치로도 사용된다. 죽은 갈매기처럼 니나를 파괴할 것이라는 트리고린의 예언이 맞아떨어지고, 니나가 여전히 자기를 사랑하지 않는다는 사실을 알고 목숨을 끊는 트레플레프의 예언도 적중한다.

호수

체호프는 호수 인근을 무대로 삼아 트레플레프가 호숫가에서 처녀작을 무대에 올리는 목적을 반복하고 강조한다. 즉 호수는 3면이 벽으로 제한되지 않은 좀더 자연주의적인 극장으로 옮겨 가고픈 트레플레프와 체호프의 열망을 나타낸다. 등장인물들마다 다른 의미를 갖는 호수는 성찰, 휴식, 도피의 장소다. 트리고린에게는 홀로 낚시하러 가는 곳, 트레플레프에게는 울적한 마음이나 어쩌면 상한 자존심을 달래고 생각에 잠기는 곳, 니나에게는 자석처럼 끌리는 곳이다. 다시 말해, 푸근한 곳을 발견할 수 없을 때 찾아가서 휴식을 취하고, 안전함과 편안함을 느끼는 장소다. 니나가 트리고린에게 호수의 작은 섬들을 모두 알고 있다고 말하는 장면에서는 어린 시절 니나의 호기심과 탐구심을 암시하는 장치로 사용되고 있다. 그리고 니나의 사랑을 잃는 것은 호수가 땅속으로 꺼진 것과 같다는 트레플레프에게는 익숙한 장소, 평화와 새로운 삶의 장소를 잃는다는 의미다.

날씨

등장인물들의 마음 상태를 반영하고, 장차 일어날 사건들을 예고한다. 예를 들면, 니나가 트레플레프를 다시 찾아가기 전에 세찬 바람과 함께 쏟아지는 폭우는 마치 폭풍우가 마법으로 니나를 불러내 영지로 이끄는 것 같은 인상을 준다. 폭풍우가 대개 날씨의 변화를 반영하듯, 날씨는 〈갈매기〉에서 변화를 알리는 신호가 된다.

Act별
정리
노트

First half of Act I

: 줄거리

막 해가 질 무렵, 러시아 농촌에 위치한 소린의 영지 겸 농장 구석에 가설무대가 세워지고 있다. 호수는 자연적인 무대 배경이 된다. 막으로 가려진 무대에서는 마무리 작업이 한창인 일꾼들의 못 박는 소리가 들린다. 구석진 잔디밭으로 등장한 메드베덴코와 마샤가 돈과 행복의 상관관계에 대해 대화를 나누고 있다. 쥐꼬리만한 교사 월급으로 어머니와 세 동생을 부양하는 메드베덴코는 조금만 더 넉넉하면 행복할 것이라고 말하고, 트레플레프를 짝사랑하는 마샤는 행복은 돈의 문제가 아니라며 옥신각신한다. 마샤가 연극이 곧 시작될 것이라고 말하자, 메드베덴코는 극작가와 주연의 관계로 결합될 트레플레프와 니나의 사랑을 공통분모가 없는 자신들의 관계와 비교하며 사랑을 고백한다. 마샤는 메드베덴코가 자기를 사랑한다는 사실을 알고 있다면서도 받아들일 수 없다고 단호하게 대꾸한다.

비록 체호프가 이 희곡을 정식 장(場. scene)들로 나누지는 않았지만, 소린과 트레플레프의 다음 대화도 거의 2인 장면이나 마찬가지다. 트레플레프는 첫 희곡을 무대에 올리는 준비를 하느라 초조하고 정신없이 분주하다. 소린은 밤낮 잠만 자게 되는 이상한 버릇과 시골 생활에서 느끼는 낯선 감정들을 묘사하며 불만을 털어놓는다. 트레플레프는 아직 준비가 끝나지 않았다며 마샤와 메드베덴코를 그곳에서 내보낸다. 소린은 이 영지에 와서 한 번도 하고 싶은 대로 살아본 적이 없다면서, 이제는 싫든 좋든 이 시골구석에서 지낼 수밖에 없는 늙고 은퇴한 처지를 한탄한다. 트레플레프는 '호수와 지평선이 훤히 보이는 무대'와 달이 뜰 무렵 시작하는 공연에 자부심을 드러내면서도, 이내 니나가 아버지와 계모의 엄중한 감시 때문에 늦게 오면 그 계획들이 틀어질 것이라며 위축된다. 술주정꾼 같은 '텁수룩한' 수염과 머리 때문에 여자들의 관심을 끌어본 적이 없다고 투덜대던 소린이 아르카디나가 토라진 까닭을 묻자, 트레플레프는 니나가 주인공인 것을 질투한 나머지 '제 희곡'을 보지도 않고 싫어한다고 대답한다. 소린은 억측이라고 웃어넘기지만, 트레플레프는 어머니는 재능이 뛰어나고 영리하고 감성은 풍부해도, 질투와 허영심이 강하고 돈에는 아주 인색하다고 비난한다. 소린은 지레짐작하고 흥분하지 말라며 '어머니는 널 좋아한다'고 다독거린다. 트레플레프는 꽃한 송이를 꺾어 꽃잎을 하나씩 뜯어내면서 '어머니는 나를

좋아한다, 아니다, 나를 좋아한다…'라며 점을 치고는 '아
니다'에서 끝나자 씁쓸하게 미소 짓고, 어머니와는 다른 점
이 너무 많다면서, 연극에 대한 취향의 차이점들을 꼽는다.
어머니는 관객들이 즐기는 기존 도덕극들에서 연기하는 반
면, 추상적이고 실험적인 관념과 형식들이 가득한 새로운
상징주의 운동을 좋아하는 '저는' 대학을 중퇴했고, 재능도
없기 때문에 어머니를 만나러 오는 전국 각지의 유명한 배
우와 작가들 사이에서 내세울 점이 없다는 것. 그는 유명한
여배우의 아들로서가 아니라 뛰어난 작품으로 당당하게 존
경받고 싶은 마음이 간절하다.

　　소린이 트리고린에 대해 묻자, 트레플레프는 소설가로
서 재능은 있지만 톨스토이* 같은 최고 작가들과 견줄 정도
는 못 되고, 30대 후반에다 재산이 좀 있고 조용하며 연상
의 여인들과 맥주를 좋아한다고 대답한다. 발자국 소리. 니
나라고 생각한 트레플레프는 '발소리까지 아름답다'며 흥
분한다. 니나는 '외출'한 아버지와 계모보다 먼저 집에 돌
아가야 하기 때문에 시간이 30분밖에 없다고 재촉한다. 소
린이 서둘러 관객들을 부르러 간다. 니나는 아버지와 계모

---

* **레오(레프) 톨스토이**(Leo Nicolaevich Tolstoy/ Lev Nikolaevich Tolstoi,
1828-1910): 러시아 소설가, 시인, 사상가. 1890년대 후반, 죽음에 대한 공포와 삶에 대
한 회의 때문에 괴로워하다가 원시 기독교에 복귀할 것을 주장하면서 러시아 정교회와
사유재산제도를 비판하고 종교적 인도주의인 톨스토이즘을 일으켰다. 주요 작품은 〈전
쟁과 평화〉, 〈안나 카레니나〉 등.

는 딸이 소린의 영지에서 '보헤미안들'과 어울리다보면 배우가 되고 싶은 마음을 품을지 모른다고 걱정한다며, '마치 내가 갈매기인 것처럼' 이 영지로 '나를' 이끄는 것은 호수라고 덧붙인다. 트레플레프가 입을 맞추고 사랑을 고백하지만, 니나는 계속 말꼬리를 돌린다. 일꾼들과 관객들이 도착하면서 은밀한 시간은 끝이 난다. 유명한 소설가 트리고린 앞에서의 공연에 한껏 들뜬 니나가 '당신의 희곡'은 연기하기 힘들고 연애 이야기가 들어 있지 않다며 투덜대자, 트레플레프는 '인생은 있는 그대로를 그려서는 안 되고 무한한 상상력을 동원해야 한다'고 답한다.

체호프가 설정한 무대 위의 무대의 배경은 관객들에게 〈갈매기〉가 작품의 시작부터 통상적인 희곡과는 다르다는 것을 말해 준다. 트레플레프의 무대는 이 작품의 등장인물들이 연극의 환상을 구경하고 의식하기 때문에 그들 자신의 관객들과 더 같아지는 상황을 만들어낸다. 이것은 셰익스피어의 〈햄릿〉이나 〈한 여름 밤의 꿈 *A Midsummer Night's Dream*〉 같은 작품에서 반복적으로 구현한 전통 가운데 하나다. 무대 위의 무대는 이 작품이 탐구하려는 자아의 자기 분석과 탐구를 상징하며, 이 설정은 인간, 자기평가, 살아가는 목적의 재창조뿐만 아니라 한 사람의 삶에서 차지하는 연극, 예술, 사랑의 역할 같은 중심 주제들도 예고한다.

제1막은 작품 전체를 관통하는 몇 가지 비교대상을 설정하는데, 그 하나는 사랑의 삼각관계다. 메드베덴코, 마샤, 트레플레프 사이의 삼각관계는 작품 도입부에서 이미 확실해진다. 초기부터 설정되는 또 하나의 모티프는 신분 차이인데, 먼저 메드베덴코와 트레플레프를 병치시킨다. 메드베덴코는 박봉의 가난 때문에 고생한다고 말하듯이 의식주를 걱정해야 하는 신세지만, 돈벌이를 하지 않아도 먹고 살 걱정이 없는 트레플레프는 자작 연극을 무대에 올리기 위해 열을 올리고 생존과 관련된 관심사도 주로 철학적·정서적·정신적 성취이지 메드베덴코가 걱정해야 하는 의식주의 해결이 아니다.

어머니에게 거의 편집증적인 호기심과 인정받고픈 유아적 욕구를 내보이는 트레플레프는 지식층과 예술가들로부터 어머니와 트리고린보다 낫거나 동등한 평가를 얻겠다는 소망에 휘둘린다. 아르카디나는 '유명한 배우였지만 근본이 상인이었던' 남편의 아들을 깔보고, 언제나 자기중심적이며 허영심이 강하고, 주변사람들의 관심을 요구하는 속물이다. 모자의 관계는 그들이 어른스러운 역할을 기피하면서 유치하고 이기적인 역할에 집착한다는 것을 보여준다. 제1막 후반부에 아르카디나가 트레플레프의 연극을 훼손시키는 장면을 전후로 두 사람의 갈등은 한층 더 팽팽해진다. 아르카디나가 〈햄릿〉에 나오는 거트루드의 대사를 부정확하게 낭송하며 허세를 보이자, 트레플레프도 질세라 햄릿의 대사를 읊어대며 맞받아치는 모습은 그들의 경쟁적인 관계를 드러내는데, 트리고린이 등장하면서 절정에 도달한다. 유명한 소설가이자 아르카디나의 관심과 사랑을 듬뿍 받는 트리고린의 능력은 어머니가 트리고린에게 쏟아 붓는 찬탄과 애정뿐만 아니라 그가 얻은 명성과 성공도 갈구하는 트레플레프의 간절한 욕망들을 조롱한다. 모성애가 사춘기 같은 맹목적 사랑으로 변질되면서 어머니가 트리고린의 이기적인 진면목을 직시하지 못하는 것 같다고 생각하는 트레플레프는 트리고린을 타락하고 비열한 클로디어스로 간주한다.

제1막의 끝부분에서는 트레플레프, 니나, 트리고린이 펼칠 또 하나의 삼각관계가 언뜻 드러난다. 처음에는 트레플레프의 예술적 창의력에 매료되었던 니나의 관심이 앞으로 자신에게 더 큰 이익이 될 수도 있는 유명 작가 트리고린에게로 옮겨가는 것.

Second half of Act I

　　마샤의 어머니 폴리나와 의사 도른의 대화를 통해 폴리나는 도른을 많이 사랑하고 있지만, 도른은 다소 냉담하고 소극적이라는 사실이 암시된다. 유명한 여배우이기 때문에 남자들, 특히 도른의 관심을 끄는 이리나 아르카디나를 시기하는 폴리나는 도른이 많은 여자들에게 인기가 있다며 투정을 부리자, 도른은 여인네들이 ‘내게’ 좋은 감정을 갖는 이유는 수년 전까지 국내 유일의 실력 있는 산부인과 의사이자 정직했기 때문이라고 답한다. 폴리나가 ‘나의 소중한 사람’이라며 다가가려는 순간, 아르카디나와 소린을 비롯한 여러 사람들이 등장한다.

　　도른, 사므라예프, 아르카디나가 명배우들의 연기와 연극의 격조에 대해 이야기한다. 사므라예프는 명배우들에 대한 찬사를 늘어놓으면서, 과거의 ‘거목들’은 사라지고 ‘그루터기들’만 남았다고 탄식한다. 도른은 이제 명배우는 찾아보기 어려워졌지만, 중견배우들은 훨씬 좋아졌다고 대꾸한다. 가설무대 뒤에서 등장한 트레플레프에게 아르카디나가 연극은 '도대체' 언제 시작되느냐고 묻는다. 트레플레프가 곧 시작할 테니 조금만 참아달라고 대답하자, 아르카디나가 〈햄릿〉에 나오는 거트루드의 대사를 낭송하며 허세를 부린다. 트레플레프도 어머니와 트리고린의 관계가 거트루드와 클로디어스의 더러운 관계와 같다고 암시하는 햄릿의 대사로 맞받아친다. 연극이 시작되고, 니나가 무대에 등장한다. 그녀가 낭송하는 긴 독백의 내용은 우주, 지상에 편재하는 우주적인 영혼과 인간의 위치에 관한 것이다. 트레플레프의 희곡은 아주 추상적이고 상징적이며, 그것을 표현하는 니나는 행동을 창조하는 것이 아니라 거의 관념의 언어그림처럼 대사로 하나의 막연한 느낌을 그리고 있다. 주위 친구들에게 큰 소리로 떠들며 여러 차례 공연을 방해하는 아르카디나에게서는 아들이 표현하고 전달하려는 내용을 이해하거나 감상하려는 태도를 전혀 찾아볼 수가 없다. 가령, 무대 위에 악마의 눈동자를 형상화한 두 개의 붉은 빛과 연기가 올라오면서 유황 냄새가 나자, 소위 쓸데없는 '효과'라며 비아냥댄다. 그동안 몇 차례 어머니를 만류하던 트레플레프는 갑자기 공연을 중단시키고, 희곡 집필이나 연극 공연은 선택된 소수자의 독점물이란 사실을 깜빡 잊었다며 퇴장한다.

소린이 아들의 자존심에 상처를 주었다고 꾸짖자, 아르카디나는 '그 애는' 공연보다는 '우리에게' 희곡 쓰는 법

과 연출법을 가르치려는 속셈이 있었다고 대꾸한다. 아들에
대한 경쟁심과 니나에 대한 질투심 때문에 그 연극이 아들
에게 갖는 중요성을 전혀 이해하려고 들지 않을 뿐만 아니
라, 새로운 연극 형식들에 대한 반감을 그런 식으로 보여주
었던 것. 아르카디나가 호수 건너편에서 들려오는 노래 소
리를 듣고 지난날의 향수에 젖으면서 아들을 모욕한 사실
에 대해 후회하고 '코스챠'를 부르자, 마샤가 찾아오겠다며
퇴장한다. 장막 뒤에서 나온 니나는 아름다운 용모와 목소
리, 재능을 칭찬하며 꼭 배우가 되어야 한다는 아르카디나
의 말에 '결코 실현되지 않을' 꿈이라고 대꾸한다.

　니나에게 트리고린을 소개한 아르카디나는 당황한 니
나가 트리고린의 창작 능력에 찬탄을 금치 못하자, 편하게
대하라고 다독인다. 니나는 좀더 머물고 싶은 마음을 억누
르고 부모보다 먼저 귀가해야 한다며 서둘러 그 자리를 뜬다.
아르카디나가 니나의 불운한 처지에 대해 들려준다. 니나
의 생모가 죽으면서 유산을 전부 남편에게 남겼고, '저 애의'
아버지가 그것을 다시 후처 앞으로 돌려놓는 바람에 니나
는 무일푼이라는 것. 아르카디나, 소린, 샤므라예프, 메드베
덴코는 퇴장하고, 도른만 남는다. 트레플레프가 돌아와 자
기를 찾으러 다니는 마샤가 지긋지긋하다고 말한다. 도른은
연극이 기발하고 아주 마음에 들었다며 글을 계속 쓰라면서,
'무슨 글을 쓰든 분명하고 간결하고 중심적인 관념이 있어

야 한다. 어떤 내용의 글을 쓰고 있는지 똑똑히 알아야지, 그렇지 않으면… 길을 잃게 될 것이고, 재능 때문에 파멸할 것'이라고 충고한다. 말을 끊고 니나의 행방을 물은 트레플레프는 '꼭 만나야 한다'며 나가다가 마샤와 마주치지만 면박을 주고 길을 재촉한다. 마샤가 코담배를 흡입하자, 담배통을 빼앗아 던져버린 도른은 트레플레프를 사랑한다며 도와달라는 고백에 여기저기 짝사랑이 넘쳐나지만, 해줄 수 있는 일이 없다고 탄식한다.

관객은 소린의 영지 인근에서 개업한 산부인과 의사 도른을 만나게 되는데, 체호프의 작품에 등장하는 소수의 의사 가운데 한 사람이다. 비록 도른의 언행은 큰 비중을 차지하지는 않지만, 관객은 이 희곡에서 그가 맡은 역할과 체호프에 관해 짐작케 해주는 몇 가지 사실을 알 수 있다. 도른의 성격은 무슨 일에도 얽매이지 않고 느긋하다. 폴리나와 나누는 대화를 보면, 그녀 쪽에서는 질투와 불안감에 휩싸여 열정적으로 접근하지만, 도른은 그녀를 안심시키거나 그녀의 확신을 북돋아줄 만한 일은 전혀 하지 않고 모욕하거나 멸시하지도 않으면서 냉정하고 침착하게 대한다. 이 작품에서 중립적인 힘의 역할을 하는 도른은 비록 주변

사람들의 연애사와 열정에 얽혀들지만, 적당한 거리를 두면서 개인적인 모험을 하지 않고 참여할 수 있는 위치를 유지한다. 이런 점에서는 트리고린과 비슷해도 한 가지 의미심장한 태도에서는 차이가 있다. 트리고린도 주변 상황에 대해 냉담하지만 위험을 무릅쓸 만한 일에만 직접 개입한다는 점에서 본질적으로 이기적인 반면, 도른은 다른 사람들을 위해 모험을 하기도 한다. 예컨대, 다른 사람들이 트레플레프의 작품을 좋아하지 않더라도 자기는 마음에 들었다고 말하는 장면에서 도른이 타인들의 고난에 마음이 흔들리지는 않지만 진지한 노력에 대해서는 공감할 줄 아는 품성을 지닌 자상한 인물의 면모를 보여주는 것.

도른의 인간성을 보면, 체호프가 인식한 시골 의사의 역할을 짐작할 수 있다. 도른과 체호프 같은 시골지역 의사는 비극적인 사연들, 고단한 삶과 죽음을 겪는 수많은 환자들을 목격할 수밖에 없었다. 따라서 직업상 맞닥뜨리는 슬픈 사연들에 무너지지 않고 평온하게 살아가려면, 도움이 될 만한 경우는 충고를 함으로써 사람들의 삶에 균형 잡힌 시각을 유지할 필요가 있을 테지만, 그렇지 않을 때는 가급적 마음의 문제에 대해서는 참견하지 않았을 것이다. 중립적이고 자상한 도른은 극작가로서의 체호프의 역할과 우리 관객의 자세를 암시한다. 〈갈매기〉를 통해 체호프가 이룩한 업적 하나는 어느 쪽으로도 치우치지 않고 등장인물들을 묘사한 것이다. 삶이란 쉽사리 선과 악, 영웅과 악당으로 구분될 수 없다. 따라서 체호프는 조금은 선하고 조금은 악하며, 어떨 때는 선량하고 어떨 때는 악하게 마련인 우리들의 모습을 있는 그대로 묘사하려 시도하고 있다.

〈갈매기〉에서 트레플레프가 집필한 '극 속의 극'의 의미에 대해서는 비평가들의 견해가 다양하다. 일부 평론가들은 니나가 연기하기 시작하는 연극이 근대 극작술에 대한 커다란 공헌으로서 그 자체로 중요한 의미가 있다고 말한다. 그러나 훨씬 더 많은 평론가들은 체호프가 논란의 여지가 다분한 관념들을 다루는 작은 연극을 통해 근대 희곡들의 형식을 바꾸겠다는 웅지와 그의 희곡들에 영감을 주고 크게 기여한 상징주의 운동을 조롱할 수 있었다고 믿는다.

아르카디나는 아들의 연극이 방해받지 않고 공연될 공정한 기회를 방해하면서 배려심이 없고 유치한 경쟁심만 잔뜩 지닌 모습을 보여준다. 그리고 공연을 중단시키고 뛰쳐나가는 트레플레프에게서는 어머니의 평가에 지나치게 연연하는 유아적인 심성을 목격하고, 이 작품의 주요 갈등도 분명히 인식하게 된다.

모든 것을 알면서도 행동에는 영향을 미치지 않는 중립적이고 중심적이며 자상한 도른의 역할은 제1막 끝에서 트레플레프가 니나에 대한 사랑을 털어놓고 마샤가 트레플레프를 향한 사랑을 고백할 때, 다시 한번 드러난다.

First half of Act II

보리수나무 아래 놓인 벤치에 도른, 마샤, 아르카디나가 앉아 모파상*의 작품을 번갈아 낭독하고 있다. 낭독을 중단한 아르카디나가 마샤를 일어서게 하고는 도른에게 마샤와 나이가 두 배 가량 많은 자신의 외모를 비교해 달라고 요청하자, 아르카디나가 더 젊어 보인다는 대답이 돌아온다. 의기양양해진 아르카디나는 늘 활동하고 모든 것을 느끼며, 어차피 오게 마련인 나이나 죽음 따위는 생각하지도 않고 열심히 살기 때문이라고 자랑을 늘어놓는다. 마샤가 '저는' 삶의 의욕을 전혀 느끼지 못하는 때도 자주 있다면서 자리에 앉자, 아르카디나는 자기는 항상 옷차림과 외모에 신경을 쓰는 덕분에 여전히 건강과 몸매를 유지할 수 있는 것이라며 마샤를 깎아내린다. 그러나 하는 일 없이 노닥거리며

---

* **모파상**(Guy de Maupassant. 1850-93): 프랑스 소설가. 작품에서는 무감동적인 문체를 사용하고, 성격이상자 또는 염세주의적 인물을 등장시키는 것이 특징이다. 주요 작품은 〈비곗덩어리〉, 〈여자의 일생〉 등.

시간을 허송하는 것처럼 보이기는 아르카디나도 마찬가지다. 도른이 말을 끊고 다시 낭독을 시작하자, 아르카디나가 책을 빼앗아 큰 소리로 읽는 장면은 공교롭게도 사교계의 부인들이 마음에 드는 소설가를 가까이 두기 위해 찬사와 애교 등을 퍼붓는 상황을 묘사하고 있는데, 그녀와 트리고린의 관계를 보는 듯하다. 그러나 아르카디나는 '그런 일은 프랑스에서나 가능하다'며 러시아 상류사회의 여성과 작가는 '서로' 열렬히 사랑한다고 열을 올리면서 자신들의 관계를 하나의 본보기로 삼고자 하는데, 다시 한번, 사랑을 얻지 못한 채 우울하게 살아가는 마샤를 배려하지 않는 이기적인 행태다.

소린과 니나, 그리고 그 뒤에 소린의 휠체어를 밀며 메드베덴코가 등장한다. 소린이 니나에게 아버지와 계모가 사흘간 여행을 떠나 그동안 마음 놓고 소린의 영지에 올 수 있게 되어 아주 기쁘겠다고 농을 던지자, 니나도 '여러분들'과 어울릴 수 있게 되어 정말로 행복하다고 맞장구친다. 소린은 '아름다운' 니나와 시간을 보내고 관심을 받을 수 있는 시간을 갖게 되어 마냥 즐겁다. 아르카디나는 니나의 아름다움을 한껏 치켜세우면서도 '악마가 샘을 낼지 모른다'며 다른 사람들이 칭찬에 가세할 틈을 차단하고, 니나에게 트리고린의 행방을 묻는다. 니나가 낚시를 하고 있다고 대답하자, 아르카디나는 화제를 돌려 트레플레프가 며칠 동

안이나 계속 침울한 얼굴로 호수에만 나가 있다고 걱정한
다. 마샤는 마음이 울적해서 그런 것이라며, 니나에게 그의
희곡을 어디든 낭송해 달라고 부탁하지만, 그렇게나 재미
없는 것을 왜 읽느냐는 핀잔이 돌아온다. 마샤는 트레플레
프는 무엇이든 낭독할 때 눈이 빛나고 우수에 깃든 목소리
와 몸짓은 시인 같다고 대꾸하지만, 모두들 관심을 기울이
지 않고 감정도 무시한다. 아르카디나, 소린, 도른이 소린의
건강을 회복시킬 방법―약물 치료, 온천 등―을 놓고 설왕
설래한다. 소린은 치료는 받고 싶지만 '의사 선생'이 해주
실 생각을 않는다고 불평하자, 도른은 '나이 예순'에는 건
강을 크게 해치거나 보탬이 될 일도 없는데 무슨 치료를 받
으려 하느냐며 핀잔을 준다. 곧이어 밝혀지지만 그동안 소
린은 의사의 지시를 제대로 따르지 않은 듯하다. 그러나 사
정을 모르는 아르카디나는 미적지근한 도른의 태도가 조금
못마땅하다.

메드베덴코가 건강을 위해 금주와 금연을 권하자, 소린
은 '쓸데없는 소리'라며 발끈한다. 도른은 '쓸데없는 소리'
가 아니라면서, 술과 담배는 이성을 잃게 해서 '다른 사람'
을 만들어놓는다고 반박한다. 소린이 '당신은' 인생의 황금
기를 즐겼기 때문에 그렇게 말하는 것이라면서, '28년간이
나' 공직에 있었지만 삶을 제대로 즐긴 적이 없는 '나는' 술
과 담배 없이는 살 수 없다고 대꾸한다. 도른은 생명을 소

중히 여기지 않다가 늙어서야 인생을 제대로 살지 못했다고 후회하는 것은 경솔한 태도라고 따끔하게 일침을 가한다. 점심시간이 되었다며 마샤가 퇴장한다. 도린이 식전에 술을 마시러 가는 것이라고 말하자, 소린은 '박복한 아가씨'라며 안쓰러워한다.

제2막은 이 작품에 등장하는 예술가들이 그들의 삶과 작품에 접근하는 다양한 자세를 비교하고 대조한다. 도입부에서 아르카디나는 자기기만의 습성을 계속 드러낸다. 훌륭한 무대 예술가이면서도 진정한 자아를 보지 못하고, 무대 밖에 있을 때도 언제나 관객 앞에서 어떤 역할을 연기하면서 자기기만적 무언극을 멈추지 못하는 것 같고, 의도적으로 주변 여자들에게 해를 끼치지는 않지만, 지나친 자기과시의 결과로서 나타나는 자기우상화의 허황된 쾌감을 위해 무심코 마샤와 니나 같은 여자들의 자신감에 상처를 입힌다. 그리고 아들이 만든 연극의 진행을 방해하다가 자존심을 다쳤고, 마샤와 자신의 외모를 비교하며 자존심을 살리려고 하지만, 아무것도 내세울 것 없는 마샤 같은 손쉬운 상대를 모욕하고 놀리는 결과를 초래한다. 아르카디나는 허영심과 자기숭배를 통해 참된 자아와 참된 자아탐구 사이를 떼어놓는 착각의 가면 속으로 숨어 자기가 창조하는 자기의 그림만 보면서 다른 사람들에게도 오직 그것만 보라고 억지를 부리고 있다.

트리플레프는 어머니가 스스로 만들어낸 거대한 착각이라는 식단에 맞춰 어머니를 대접할 능력이 없고, 이기적인 허영심의 가면 아래 놓인 어머니 모습을 보고 있다. 그 결과, 아르카디나는 아들이 자기 힘으로 예술가가 되기 위해 몸부림치는 것을 보지 못하고 그녀가 요구하는 허영심의 착각을 신봉하지 못하는 아들을 실패작이라고 생각할 뿐이며, 아들의 소재에 대해 궁금한 척하거나 이따금 호기심 때문에 묻기는 해도 아들의 행복을 배려하는 따뜻한 감정이나 관심은 없다.

트리고린과 트레플레프는 아르카디나와 다른 접근법으로 예술적인 삶을 추구한다. 아르카디나는 그녀의 기교, 기예, 또는 같은 맥락에서 자기인식을 완벽하게 가꾸거나 어떤 식으로든 자신의 의지를 실험할 만한 일에는 관심이 없고, 오로지 연기자이기 때문에 받게 되는 주목을 통해 축적되는 다른 사람들로부터의 찬탄, 선망어린 시선, 그리고 사회적 신분에만 마음을 쏟는다. 여자가 작가의 사랑을 얻기 위해 아양을 떠는 상황을 묘사하는 모파상의 글은 자신과 트리고린의 관계에 그대로 적용되지만, 아르카디나는 그 상황을 자기개선과 자기인식의 과정으로 발전시키기보다는 자아의 위선을 허물어뜨릴 수 있는 그 진실을 부정하고 자신에게 유리하도록 이국적인 관습으로 돌리고 있다. 즉 러시아 여자들은 작가들을 만나면 열렬하게 사랑한다고 주장하면서, 트리고린과의 관계가 단순하고 순수하다는 장밋빛 그림을 그리고 있는 것이다. 자기를 제대로 인식하지 않은 채 부정하고 자기는 다른 체하면서 참된 자아를 직시하지 않고 거리를 유지하는 것은 그녀가 인생의 좌절들을 견뎌내는 수단인데, 그 좌절들을 받아들이는 것이 아니라, 긍정적이면서 흔히 곡해된 진실을 보려고 할 뿐이다.

Second half of Act II

사므라예프와 폴리나가 등장한다. 사므라예프와 아르카디나는 영지의 말을 사용하는 문제를 놓고 티격태격한다. 사므라예프가 아내로부터 아르카디나와 함께 시내로 나간다는 말을 들었다며 오늘은 곡물 운반을 위해 일손과 말들이 부족하다며 무엇을 타고 갈 것인지 묻자, 아르카디나는 '내가 알 바 아니다'고 쏘아준다. 사므라예프는 다른 것은 몰라도 말은 절대 내줄 수 없다고 딱 잘라 거절한다. 발끈한 아르카디나는 모스크바로 돌아갈 테니 마을에 나가 말을 빌려오라며, 그것도 안 되면 역까지 걸어가겠다고 고집을 부린다. 사므라예프가 당장 그만둘 테니 다른 집사를 구하라며 맞받아치고 퇴장하자, 아르카디나도 매년 영지에서 불쾌한 꼴을 당한다며 다시는 오지 않겠다면서 퇴장한다.

소린이 화를 내고 니나마저 아르카디나 같은 유명한 배우에게 거역한다며 남편의 무례를 비난하자, 폴리나는 어쩔 줄을 모른다. 소린은 니나에게 아르카디나를 잡으러 가

자고 청한다. 니나와 메드베덴코가 '불쾌하다'며 투덜거리는 소린의 휠체어를 밀고 퇴장한다. 남편과 주인집 식구의 중간에서 어쩌지도 못하는 폴리나는 도른에게 더 늙기 전에 어디로든 데리고 떠나달라고 간청하지만, 도른은 생활을 바꾸려 해도 이미 늦었다고 대꾸한다. 폴리나는 지금 좋아하는 여자들이 많기 때문이라며 침울해지지만, 도른은 그렇지 않다고 얼버무린다.

니나는 유명인이면서도 시시한 일로 울고 웃고, 낚시하고, 카드놀이를 하는 등, 보통사람들과 전혀 다를 것이 없는 아르카디나와 트리고린의 모습에 깜짝 놀랐다고 중얼거린다. 엽총과 죽은 갈매기를 들고 등장한 트레플레프가 갈매기를 니나의 발밑에 내려놓으며 그녀에게 경의를 표하기 위해 잡았다면서, '나도' 언젠가는 그 갈매기처럼 될 것이라고 덧붙인다. 그들은 자기들 사이가 서먹서먹해진 것이 상대의 책임이라고 티격태격한다. 트레플레프는 그녀가 마치 다른 사람처럼 변했다면서 눈빛도 거북스러워 보인다고 말하고, 니나는 그가 무슨 뜻인지도 모를 애매한 상징적인 말만 한다고 맞받아친다. 트레플레프는 그녀의 따뜻하던 마음이 차갑게 변한 것은 연극이 실패했기 때문이며, 원고는 모조리 태워버렸다면서 그녀의 사랑이 식은 것을 땅속으로 사라져버린 '호수'에 비유한다. 트리고린이 수첩을 보며 등장하자, 트레플레프는 '진짜 천재'가 나타났다면서 니나에게 눈빛까지 황홀해졌다고 비아냥거리며 아픈 마음으로 서둘러 퇴장한다.

트리고린은 사정이 생겨 '오늘' 모스크바로 떠난다며 유감을 표하고, '젊고 아름다운 아가씨들'을 만날 기회가 드물어 작품 속에서 거짓으로 그릴 수밖에 없었다면서 잠시만이라도 니나와 처지가 바뀌어 그 마음을 알았으면 좋겠다고 말한다. 니나도 훌륭한 작가나 유명인의 처지가 되어 그들의 생활이나 기분을 알고 싶다고 대꾸한다. 트리고린은 니나의 매력, 지성, 아양, 아름다움에 마음이 느슨해지면서 자신의 화려함과 명성 뒤에 감춰진 고통을 털어놓는다. 밤이고 낮이고 글을 써야 한다는 강박관념에 시달리면서 하나를 끝내면 다음 것, 그 다음 것을 준비해야 한다. '당신과' 즐거운 대화를 나누는 지금도 그렇고, 시도 때도 없이 머릿속 한쪽에서는 쓰고 있는 소설이 맴돌아 한시도 마음이 편치 않고 생명을 조금씩 갉아먹는 기분이다. 물론, 집필이나 교정 같은 과정은 즐겁지만 막상 출간되면 부족한 점이 느껴져 우울해지고, 세간의 평가도 대문호들 수준에는 이르지 못한다는 것 등이다. 니나는 창조적이고 자아를 실현하는 삶을 사는 행운과 사치를 고마워하지 않는다면 인생을 깊이 바라보는 눈이 없는 것이라면서, 작가나 배우가 될 수 있다면 그 같은 고통은 견뎌내겠다고 덧붙인다. 두 사람은 마음속에 담긴 이야기를 나누면서 점점 가까워진다.

아르카디나가 트리고린을 찾는 소리가 들린다. 니나가 '모르는 것이 없다'는 호수의 아름다움에 감탄하던 트리고린이 트레플레프가 사냥한 갈매기를 보고, 수첩에 무언가를 기록한다. 니나가 궁금해하자 단편의 주제라며, 호수를 좋아하고 자유로운 '당신 같은 처녀'를 우연히 나타난 사내가 농락하다가 '이 갈매기처럼' 파멸시키는 내용이라고 설명한다. 아르카디나가 나타나 영지에 머물기로 했다는 말을 전하면서 두 사람의 은밀한 시간은 끝난다.

농장의 말들은 농사에 먼저 써야 한다는 사므라예프의 입장과 외출할 때 말을 타야 한다는 아르카디나의 입씨름은 등장인물들이 지닌 두 종류의 욕구를 보여준다. 마샤, 메드베덴코, 폴리나 등은 돈, 사랑, 존경 따위의 기본적인 욕구를 채우려고 하는 반면, 아르카디나, 소린, 트레플레프 등은 철학, 문학, 예술 같은 고상한 개념들을 생각하며 살아간다. 두 욕구를 구분 짓는 것은 계급이다. 사므라예프와 아르카디나가 말다툼하는 근본적인 이유는 계급적인 이해가 서로 다르기 때문이다. 즉 농장 집사 사므라예프는 곡물 운반에 말을 쓰려고 하는 반면, 아르카디나는 여가생활을 위해 말이 필요한 것. 사므라예프의 고집은 다소 과장된 면이 있으나 농장 살림은 집사의 권한이며, 그 긍지를 지키려면 자신의 역할을 제대로 해내야 한다고 생각하기 때문인 것 같다.

트레플레프에게 살아가는 문제는 부분적으로는 낙관적이고 부분적으로는 비관적이다. 희망을 품고 인생에 접근하면서도 실패를 예상하는 것. 트레플레프와 아르카디나는 좌절에 대처하는 방식이 크게 다르다. 인생과 일에서 자신에게 유난히 까다로운 트레플레프는 니나의 사랑과 극작가로서의 성공에 전부를 걸었으나 희곡이 실패하고 니나의 사랑마저 놓치자 기백은 처절하게 꺾이고 좌절감이 계속 고개를 쳐든다.

제2막 끝에서 트리고린은 니나에게 털어놓는 자기계시적이고 반성적인 대사를 통해 삶과 일에 접근하는 독특한 방식을 보여준다. 트레플레프처럼 열심히 글을 쓰고 일에 대한 기준을 높이 잡으면서도 자신의 성패를 통해 자기에 대한 느낌을 판단하려는 트레플레프와 달리, 자신의 노력과 자기에 대한 시각을 연결시키지 않는다. 트리고린에게 작품은 해답은 없으나 풀어야만 하는 스스로 부과한 문제다. 한 작품을 마치자마자 새로운 작품을 시작해야 하고, 어떤 의미에서는 무엇을 끝낸 적도 만족한 적도 없다. 이 정도의 자기인식은 좌절스럽기는 해도 자아상을 손상시키지 않고 살아갈 수 있게 해준다.

반면, 트레플레프는 연극의 형식들을 바꾸려는 목표를

세우고, 따라서 그의 혁명적인 관념들을 가지고 자신을 위한 거창한 목표를 창조하는데, 불가능한 것은 아니지만 스스로 만족할 수 있을 정도의 성취감을 제공하지 못한다. 트리고린은 주변에서 일어나는 일을 세세히 관찰하는 강박감으로 인해 삶으로부터 거리를 유지할 수 있다. 다른 사람들이 대화하며 어울리는 동안 혼자 호수로 가서 낚시하는 습관처럼 주요 사건들로부터 한 걸음 떨어져 인생을 살아가는, 능동적 참가자라기보다는 수동적 방관자인 것. 처녀를 파멸시키는 사내에 관한 그의 단편소설 구상은 니나가 겪게 될 운명의 강렬한 전조가 된다. 여기서 그의 예술과 창조행위는 일상적인 관찰자로부터 특히 니나의 파멸에서 능동적인 참여자가 되는 그 자신의 변모를 예고한다. 이제 니나에 비유되는 죽은 갈매기는 트리고린이 자행할 파괴의 상징이 된다. 비록 트리고린은 머지않아 이뤄질 두 사람의 관계를 그대로 투영하는 비참한 생각을 제시하지만, 니나는 유명한 작가의 관심에 들뜬 나머지 그 이야기가 경고하는 슬픈 운명이 아니라 그의 글에 의해 영생을 누릴 수 있다는 잠재성만 인정할 뿐인 것이다.

First half of Act III

짐들이 놓인 식당에서 트리고린은 아침을 먹고, 마샤는 식탁 곁에 서 있다. 어쨌든 아르카디나와 트리고린은 떠나기로 결정한 모양이다. 마샤는 트리고린에게 트레플레프에 대한 사랑을 접고 메드베덴코와 결혼하기로 결심했다고 털어놓는다. 메드베덴코를 사랑해서가 아니라 희망도 없는 사랑에 목을 매고 세월만 보내기보다는 결혼하면 이런저런 '고민' 때문에 사랑 같은 것은 생각할 겨를도 없으리란 것. 트리고린이 떠나고 싶지 않다고 말하자, 마샤는 아르카디나를 좀더 설득해 보라고 권유한다. 트리고린에 의해 트레플레프가 일전에 권총 자살을 시도했고, 그에게 결투를 신청했던 사건들 때문에 아르카디나가 떠나기로 결정했다는 내막이 밝혀진다. 마샤는 질투심 때문에 벌어진 일들이라고 말하고, 화제를 돌려 메드베덴코는 선량하고 '나를' 많이 사랑해 주는 측은한 사람이라면서 트리고린에게 작별인사를 건네고, 책이 나오거든 속표지에 상투적인 문구보다

는 '마샤, 태어난 곳이나 살아가는 이유를 모르는 여인에게'
라고 써서 보내달라고 부탁하고 퇴장한다.

니나가 주먹 쥔 손을 내밀며 손에 감춘 콩이 짝수인지
홀수인지 맞춰보라고 말하자, 트리고린이 '짝수'라고 대답
한다. 콩은 한 개뿐이라며, 아무도 배우가 되어야 할지 말아
야 할지 말해 주지 않아 점을 쳐본 것이라는 니나의 설명에
트리고린은 인생에 관해 예견할 수 있는 사람은 아무도 없
다고 대꾸한다. 니나가 작별인사와 함께 한쪽에는 그의 이
름 첫 글자들을, 다른 쪽에는 그의 소설 제목 〈밤과 낮〉, 그
리고 쪽과 행의 숫자가 새겨진 로켓을 건네며 '저를' 가끔
생각해 달라고 말하자, 니나의 화사한 모습과 벤치에 놓여
있던 하얀 갈매기를 잊지 않겠다고 약속한다. 니나는 트리
고린에게 떠나기 전에 '2분만' 시간을 달라고 부탁하고 퇴
장한다.

트리고린과 니나가 이야기하는 모습을 훔쳐보던 아르
카디나가 방해되지 않았느냐고 말하며 등장한다. 트리고린
은 로켓에 새겨진 〈낮과 밤〉의 쪽과 행의 숫자들을 보고 그
내용을 찾아보기 위해 퇴장한다. 아르카디나는 소린에게 정
신 상태가 불안정한 트레플레프를 감시하면서 잘 보살피고
지도해 달라고 부탁한다.

아르카디나가 아들의 권총자살 시도가 질투 때문이라
고 단언하자, 소린은 한창때의 똑똑한 젊은이가 돈도 지위

도 없이 시골구석에 처박혀 아무런 희망도 없이 지내다보면 무기력해지고, 무엇보다도 어머니에게 작품이 무시당하는 바람에 자존심이 크게 상한 것 같다면서 깊은 이해와 자상한 관심이 필요하다고 설명한다. 아르카디나는 아들 때문에 골치가 아프다며, 직업을 가지면 어떻겠느냐고 묻는다. 트레플레프가 겨울외투를 사거나 잠시 기분전환 삼아 외국이라도 다녀오도록 돈을 조금 마련해 주는 것이 가장 좋겠다는 소린의 말에 아르카디나는 돈은 조금 있지만 의상 값으로도 부족한 지경이라고 우는 소리를 한다. 소린은 무일푼인 처지를 한탄하고 동생을 다독거리다가 어지럽다며 비틀거린다. 깜짝 놀란 아르카디나가 오빠를 부축하며 사람을 부른다.

　꾸려놓은 짐들 사이에서 트리고린이 아침을 먹도록 설정한 제3막 도입부의 해학적이고 효과적인 무대 지시를 통해 관객들은 제2막과 제3막 사이에서 모종의 일이 있었으며, 어느 정도 시간이 흘렀다는 것을 알게 된다. 제3막은 작품 전체를 관통하는 실존적인 주제를 반복하는 트리고린과 마샤의 대화로 시작되고, 그 주제에 초점을 맞춘다. 관객의 기대를 뒤집는 체호프다운 몸짓은 꾸려놓은 짐들에 대한 관심 속에 존재한다. 제2막 끝에서 아르카디나는 영지에 좀 더 묵겠다고 말했지만, 그 짐들은 그동안 시간이 어느 정도 흘렀을 뿐만 아니라 아르카디나의 결심도 바뀌었다는 것을 입증한다. 이 같은 장치를 통해 어떤 사건이나 정서가 돌변하면서 우스운 순간이 슬픈 순간이 되거나 승리의 순간이 당혹스러운 상황이 되는 것이 일상적인 현실이듯, 체호프는 우리의 불확실한 운명들이 항상 끝에 가서는 삶을 조롱하는 방식을 극적으로 표현하고 있다.

소린처럼 마샤도 지적이거나 창조적인 꿈을 추구하지 않고 잡다한 일상에 매달려 단조로운 나날을 보내고 있다. 마샤가 메드베덴코와 결혼하기로 결심한 이유는 짝사랑의 고통을 잊기 위해서지만 사랑 때문이 아니라 어떻게든 의미를 느끼면서 살아보려는 몸부림이다. 그녀는 진심으로 트레플레프를 이해하려 들고, 위대한 극작가가 되려는 그의 포부에 탄복하며, 다른 사람들이 그를 골칫거리라고 말할 때도 '질투심'이나 '울적한 기분' 때문이라는 것을 재빨리 알아본다. 그리고 트리고린에게 책을 출간하거든 속표지에 진심이 담기지 않은 상투적인 문구 대신, '마샤, 태어난 곳이나 살아가는 이유를 모르는 여인에게'라고 써서 보내달라고 부탁하는데, 그녀가 자신의 실존적 위기 상태를 알고 있다는 암시다. 트레플레프가 사랑을 받아주지 않는 상황에서 삶이 그녀를 가장 행복하게 만들기 위해 작동하지 않은데도 살아야 했던 이유를 이해하기 어려운 것이다.

실존주의는 체호프가 만들어낸 많은 인물들이 직면하는 수수께끼다. 〈갈매기〉에서 소린과 트레플레프도 외견상 허망한 실존의 의미와 목적에 관한 의심을 부여잡고 씨름한다. 체호프의 마지막 희곡 〈벚꽃 동산〉에서 입양아이자 여권도 없는 독일인 가정교사 카를로타는 '저는 제가 누군지 모르겠어요. 어디서 왔는지도 모르겠고요'라며 마샤의 기분을 짤막하게 옮겨놓은 듯한 말을 반복한다. 체호프는 삶에 아무런 의미도 없다는 부조리를 무대 위에서 그려 보이는데, 마샤와 카를로타 같은 인물들은 실존주의적 문제들로 고민하지만 해답을 찾지 못하고 좌절한다. 그러나 우리는 마샤의 경우에는 지나치게 우울한 그녀의 모습에 웃을 수 있고, 그것을 통해 우리 자신의 해결할 수 없는 역경에도 웃을 수 있다.

Second half of Act III

머리에 붕대를 감은 트레플레프와 메드베덴코가 뛰어 들어온다. 트레플레프는 어머니를 진정시키면서 외삼촌이 현기증으로 쓰러진 적이 종종 있었다고 알려준다. 정신을 차린 소린이 메드베덴코의 부축을 받으며 퇴장한다. 트레플레프도 어머니에게 외삼촌이 모스크바에서 살 수 있도록 돈을 좀 마련해 드릴 수 없겠느냐고 묻지만, 역시 돈이 없다는 대답이 돌아온다. 트레플레프가 머리에 감은 붕대를 갈아달라고 부탁하자, 아르카디나는 다시는 자살할 생각을 하지 말라며 붕대를 감아준다. 트레플레프가 국립극단 배우 시절의 인정 많고 자상했던 어머니 모습을 떠올리면서 모자 사이는 잠시 다정하고 편안한 순간을 맞지만, 왜 트리고 린 같은 사내에게 질질 끌려 다니느냐는 말을 꺼내면서부터 입씨름이 시작되고 서로의 예술적 자세에 관한 험담과 인신모독이 이어진다. 트레플레프가 울음을 터뜨리며, 니나의 사랑을 포함하여 모든 것을 잃었다고 하소연한다. 트레플레프가 눈물을 흘리는 이유는 부분적으로는 어머니와의 갈등과 어머니에게 재능을 인정하게 만들 수 없기 때문이지만, 니나의 사랑을 잃고 혼란스럽기 때문이라고 생각하는 아르카디나는 트리고린과 함께 모스크바로 떠나면, 니나 문제는 저절로 해결될 것이라고 위로한다. 트레플레프는 껄끄러웠던 관계가 더욱 복잡해지자, 크게 상심한다. 그때 '제 목숨이 필요하시면 언제든 가져가세요'라고 중얼거리면서 니나의 속마음을 가늠하기 위해 골몰하며 등장한 트리고린이 아르카디나에게 하루만 더 영지에 묵자고 말한다.

니나 때문이라고 생각한 아르카디나는 니나에게 연정을 느끼는 게 아니냐고 따지면서, 그동안 트리고린과 니나, 트리고린과 아르카디나 사이에서 침묵으로만 존재하던 성적 긴장을 전면으로 이끌어낸다. 트리고린은 자기가 니나에게 갈 수 있게 해달라고 간청하고, 그렇게 해준다면, 그런 희생으로 인해 아르카디나는 위대한 여인이 될 수 있을 것이라고 회유한다. 아르카디나는 니나처럼 젊고 순진한 아가씨의 사랑을 얻을 수 있다고 생각하는 것은 술에 취해서나 할 수 있는 착각이라고 비난한다. 니나를 아무 경험이나 지적인 무게도 없고, 자기처럼 원숙한 여인이 할 수 있는 도전을 전혀 할 수 없는 순진한 처녀로 알고 있는 것. 트리고린은 청춘을 소설가로서 이름을 세우기 위해 글을 쓰느라 바치는 바람에 젊은 시절의 사랑의 광채와 흥분을 맛보지도 못한 가련한 사내라며 동정심에 호소하지만, 그를 도저히 잃을 수 없는 아르카디나는 무릎을 꿇고 떠나지 말라며 애원하고, 입을 맞추고, 온갖 듣기 좋은 말을 늘어놓는다.

마음이 흔들린 트리고린은 니나를 향한 연모의 정을 접고 함께 떠나기로 결심한다. 아르카디나는 그의 마음이 완전히 바뀌었다는 확신이 들자, 나중에 모스크바로 뒤따라와도 좋다고 의뭉을 떤다. 지팡이를 가지러 다시 집으로 들어간 트리고린이 니나와 마주친다. 니나는 자기도 모스크바로 따라가 배우로서 성공할 수 있는지 운명을 시험해 볼 계획이라고 말한다. 트리고린은 모스크바에 오면 슬리비얀스키 바자 호텔에 묵으라면서 도착하는 즉시 연락하라며 주소를 가르쳐주고, 열정적이고 긴 입맞춤을 재회의 징표로 삼는다.

트리고린은 〈낮과 밤〉에서 니나가 로켓에 새겨놓은 숫자에 해당하는 문구를 발견하고 되새기면서 젊고 순진한 그녀에게 연모의 정을 느끼는 순간, 갑작스럽게 삶의 의미와 흥분이 솟구치는 황홀한 경험을 한다. 그가 아르카디나에게 설명하듯, 니나는 청춘의 사랑을 다시 찾을 수 있다는 희망을 약속하고, 소설을 쓰느라 젊은 시절에는 경험하지 못한 순수한 아름다움을 상징한다. 청년 시절에는 작가로서 이름을 떨치기 위해 전념했기 때문에 한눈 팔 겨를이 없었고, 훌륭한 작가가 되려면 황홀한 이성 관계를 맺을 기회 따위는 희생해야 한다고 생각했던 것. 트리고린의 재능과 명성에 경외심을 표하는 니나는 트리고린에게 강력한 유혹이 되고, 니나의 매력과 추파에 넘어간 트리고린은 갑자기 이 희곡에서 펼쳐지는 주요 사건들의 수동적 관찰자에서 여러 사람의 삶을 적극적으로 주도하고 좌지우지하는 위치로 역할이 바뀐다. 니나의 사랑을 받아들이기로 결심하면서 어쩔 수 없이 아르카디나, 트레플레프, 니나의 삶에 영향을 주게 되는 것.

트리고린은 마치 신처럼 아르카디나, 트레플레프, 니나의 마음을 가지고 놀면서 자기를 위해 그들에게 닥친 운명적인 사랑을 선택하는데, 니나와 사랑하는 이유는 상호관계보다는 새로운 것을 경험하고 싶고, 젊음의 연장이라는 착각을 믿을 뿐만 아니라 육체적인 욕망과 이기심 때문이다. 니나에게 작가로서의 삶에 대해 설명할 때, 작품에 활용하기 위해 언제나 주변의 삶, 사람들, 자연의 세세한 모습들을 치밀하게 관찰하고 기록하는 강박관념이 있으며, 어떤 결과에 대해 결코 영원히 만족할 수 없는 사람이라고 묘사하는 장면에서 그의 성격이 선명하게 드러난다. 체호프는 트리고린이 탁월한 관찰력과 묘사력을 지녔다는 것을 보여주지만, 주변사람들의 삶에 얽힌 정서적 세계보다는 외부 세계를 더 많이 관찰한다는 것은 역설적이다. 자신의 참된 자아뿐만 아니라 주변사람들의 감정에도 주목하지 않는 아르카디나에 비해 주변을 많이 관찰하면서도 개인적인 통찰력을 얻거나 다른 사람들에게 온정을 느끼는 능력은 부족한 것이다. 따라서 우리는 트리고린이 니나와 연인관계를 맺기로 결심하고 내세우는 논리가 육체적인 욕망, 개인적인 승리, 단순한 호기심에 불과하다는 인상을 받게 된다. 즉 니나와의 관계는 소설로 꾸며 출판하고 나면 곧바로 다음 작품에 돌입하면서 잊어버릴 또 하나의 단순한 관능적 이야기일 뿐인 것. 그러나 니나는 그들의 관계를 전폭적으로 신뢰한다. 트레플레프는 어머니의 연인에게 니나의 사랑을 빼앗기는 셈이기 때문에 어머니에게 서운한 마음을 품을 수 있다. 트리고린은 니나와의 관계가 피해를 야기시키고 있지만, 자신의 결정이 다른 사람들에게 악영향을 끼친다는 생각은 못하는 것 같다.

First half of Act IV

2년 후, 폭풍우가 몰아치는 밤. 영지의 손님을 맞던 응접실이 트레플레프의 서재로 바뀌어 있다. 야경꾼의 딱딱이 소리. 마샤와 메드베덴코가 서재로 들어와 소린의 말투를 흉내 내며 '코스챠'를 찾는다. 메드베덴코와 마샤는 건강이 급격히 나빠지면서 시도 때도 없이 트레플레프를 찾아대는 소린의 태도에 대해 이야기한다. 메드베덴코는 골격만 남은 흉측한 가설무대를 헐어버려야 한다고 말하지만, 마샤는 전혀 개의치 않는다. 메드베덴코는 이틀이나 집을 비운 마샤에게 아기가 배가 고플 테니 함께 돌아가자고 애원하지만, 마샤는 하룻밤 더 영지에 머물겠다면서 남편이 아기와 집에 가자는 말만 달고 사는 속물이 되었다고 나무란다. 메드베덴코는 마샤와 함께 돌아가지 않으면 장인 샤므라예프가 말을 빌려주지 않을 것이라고 투덜거린다.

폴리나와 트레플레프가 서재에서 자겠다는 소린을 위해 잠옷, 베개, 이불을 들고 등장하자, 마샤가 잠자리를 마

련한다. 메드베덴코가 작별인사를 건네지만, 모두들 시큰둥
하다. 폴리나는 트레플레프의 어깨 뒤에서 글 쓰는 모습을
넘겨다보며 어엿한 작가가 되리라곤 상상조차 못했는데 글
을 써서 돈도 벌고 용모도 훤해졌다면서, '우리 마샤'에게
좀더 다정하게 대해 주라고 부탁하고, 여자란 의외로 칭찬
에 약하기 때문에 다정한 눈길만 보내도 큰 힘을 얻는다며,
자기도 그런 경험이 있다고 덧붙인다.

트레플레프가 일어서더니 아무 말 없이 방을 나간다.
마샤가 '엄마' 때문에 화가 난 것이라고 면박을 주자, 폴리
나는 딸이 안쓰러워 마음이 아파 그랬노라고 맞받아친다.
마샤는 메드베덴코가 다른 지방의 학교에서 자리가 났다는
연락을 받았으니 1개월 후에 그곳으로 이사하면 '시시한'
짝사랑은 깨끗이 잊어버릴 것이라고 어머니를 위로한다.

메드베덴코가 소린의 휠체어를 밀며 도른과 함께 다시
등장한다. 메드베덴코가 '당신은' 돈이 남아돌 테니 자신의
쪼들리는 형편을 이해하지 못할 것이라고 푸념하자, 도른은
30년간 밤낮 일만 하면서 겨우 2천 루블을 모았다가 지난
번 여행에서 모두 써버리고 빈털터리가 되었다고 대꾸한다.
메드베덴코는 아직도 이곳에 있느냐고 나무라는 마샤에게
장인이 말을 내주지 않는다고 대답한다.

아르카디나를 찾던 소린은 기차역으로 트리고린을 마
중하러 갔다고 대답하는 도른에게 '동생을' 부른 것을 보니

'내' 목숨이 다된 듯한데 왜 약을 주지 않느냐고 따지고, 트레플레프에게 "꿈이 많았던 남자"라는 단편소설 자료를 주겠다면서, 내용은 젊은 시절에 작가가 되고 싶었던 꿈, 말을 잘하고 싶었던 꿈, 가정을 이루고 싶었던 꿈, 도시에서 살고 싶었던 꿈을 하나도 이루지 못하고 은퇴한 뒤 시골구석에 처박혀 삶을 마치려 하는 사내의 이야기라고 설명한다. 도른은 '나이 예순둘에' 이루지 못한 일을 후회하며 시간을 허비하는 것은 좋지 않다고 대꾸한다. 그들은 살고 싶은 욕구와 죽음의 불가피성에 대해 대화를 이어간다.

트레플레프가 등장한다. 메드베덴코가 여행했던 도시 가운데 가장 좋은 곳이 어디냐고 묻자, 도른은 제노아라며, '거리를 가득 메운 인파'와 그 군중 속에 섞여 어슬렁대다가 '나는 우주에 편재하는 하나의 영혼'이라는 니나의 대사가 떠올랐다면서, 트레플레프에게 니나의 근황을 묻는다. 트레플레프는 니나가 트리고린과 살다가 임신했으나 아기가 죽자 그동안 양다리를 걸치고 있던 트리고린이 '옛 애인'에게 돌아갔다면서, 결국 두 여자를 모두 속인 셈이라고 대답한다.

트레플레프의 입을 통해 니나의 불행한 삶과 그보다 더 나을 것이 없었던 배우 생활이 밝혀진다. 니나는 모스크바 외곽의 여름 가설극장에서 첫 무대에 올라 몇 편의 연극에 출연했지만 연기는 형편없었다. 그 뒤 극단이 지방 순회

공연에 나서자, 그는 함께 따라다니며 그녀의 연극을 관람했고 여러 번 찾아갔으나 만나주지 않았다. 그 후, 그가 집으로 돌아온 뒤에 여러 통의 편지를 받았는데, 불행을 내비치지 않으려는 병적인 긴장감이 느껴졌으며 '갈매기'라고 서명되어 있었다면서 니나를 푸슈킨의 희곡에 나오는 '갈가마귀'라고 서명하는 인물과 비교하고, 지금은 니나가 며칠 째 시내 여관에 묵고 있으며, 니나의 부모는 딸이 집에 접근하지 못하도록 경비원들을 배치했다는 것이었다.

　　제3막과 제4막 사이에서 주요 사건들이 벌어졌으나 관객들은 직접 목격하는 것이 아니라 제4막에서 드러나는 내용을 통해서만 그것들을 알게 된다. 다시 말해, 등장인물들이 그 사건들에 반응하는 태도와 그 사건들이 변화시킨 등장인물들의 욕망, 견해, 삶의 방식을 통해 사건들의 실체를 알려주는 것.

　　체호프는 관객들에게 제3막과 제4막 사이의 극중 현실에서는 2년이 흘렀다고 지각하게 만든다. 하나는 제3막 끝에서 아르카디나와 트리고린, 니나가 모스크바를 향해 떠나기로 되어 있었으나 제4막 도입부에서는 트리고린과 아르카디나가 기차정거장에서 함께 영지로 오고 있다는 사실이다. 또 하나는 트레플레프의 서재로 바뀐 응접실의 가구 배치인데, 우리가 제3막에서 응접실을 보았기 때문에 변화를 감지하는 것이 아니라 등장인물들이 그 방의 변화에 반응하는 모습으로 추론할 수 있다. 끝으로 트레플레프가 작품들을 출간하고 수입을 올리는 어엿한 작가가 되었다는 폴리나의 말도 시간의 경과를 드러낸다. 하룻밤 사이에 작품을 쓰고, 출간하고, 돈을 벌어들일 수는 없기 때문이다.

제4막 후반부에서는 파탄으로 끝날 수밖에 없는 엇갈린 삼각관계와 대물림되는 짝사랑이 반복된다. 딸도 자기처럼 불행한 결혼생활을 하게 되자 가슴이 미어지는 폴리나는 트레플레프에게 딸을 다정하게 대해 주라고 간청하면서, 슬픈 사랑의 양식을 바꿔보려고 시도한다. 그러나 온통 니나 생각뿐인 그는 마샤를 따뜻하게 감싸줄 마음의 여유가 없다. 따라서 마샤는 아무리 그의 곁을 맴돌아도 사랑을 이룰 가능성은 없을 것 같다. 남편에게 애정이 없고, 무엇보다도 도른이 자기를 사랑하거나 확실한 사랑을 약속한 적은 없으나 이따금 보여주는 애정에서 기쁨을 느끼는 폴리나는 딸도 트레플레프가 사랑하지는 않더라도 가끔씩 다정한 태도나마 보여준다면 위로의 순간들을 찾을 수 있으리라고 믿는 것이다.

Second half of Act IV

아르카디나, 트리고린, 샤므라예프가 등장한다. 샤므라
예프는 아르카디나의 차림새, 얼굴, 몸매에 대해 찬사를 늘
어놓는다. 마샤와 반갑게 인사를 나눈 트리고린이 트레플레
프에게 트레플레프의 글이 실린 최근 잡지를 건네면서 모
스크바와 상트페테르부르크에서 높은 평가를 받고 있으며
많은 사람들이 그에 대해 궁금한 사항을 자기에게 묻는다
고 너스레를 떤다. 트레플레프가 얼마나 '이곳에' 머물 것
인지 묻자, 탈고할 원고 때문에 '내일' 모스크바로 돌아가
야 한다면서 아직 가설무대가 그대로 있는지 되묻는다. 무
대에 관한 작품을 쓰고 있는데, 세부 묘사가 일치하는지 확
인해 보고 싶다는 것.

아르카디나와 폴리나는 로토놀이를 준비한다. 마샤는
남편이 집으로 돌아가야 되니 말을 내주라고 부탁하지만,
샤므라예프는 말들이 방금 역에 다녀왔기 때문에 쉬어야
한다며 듣지 않는다. 메드베덴코는 걸어가겠다면서 퇴장한

다. 다른 사람들이 대화를 나누며 로토놀이를 즐기는 동안, 잡지를 뒤적거리던 트레플레프는 트리고린이 트레플레프의 작품은 손도 대지 않고 '자기' 작품만 읽었다는 것을 알게 된다. 트레플레프가 퇴장하고, 이어 '코스챠'가 연주하는 우울한 왈츠 소리가 들려온다.

아르카디나는 최근 출연한 작품이 대학생들에게 갈채를 받았으며, 무대의상도 화려했다고 자랑을 늘어놓는다. 트리고린, 사므라예프, 아르카디나가 트레플레프의 글과 신문의 악평에 대해 이야기를 나눈다. 트리고린이 걱정하는 체하면서도 글이 이상하고 애매하며 인물도 현실성이 없다고 비아냥거리자, 도른은 트레플레프를 믿는다면서도 그의 작품은 이미지를 통해 사색하기 때문에 강렬한 인상을 주지만 뚜렷한 문제의식이 없어 그 이상 발전하지 못한다고 평가하고는 아르카디나에게 '작가 아들'을 두어 자랑스럽겠다고 덧붙인다. 아르카디나는 '짬이 없어' 아들의 소설은 읽어본 적이 없다고 대답한다. 사므라예프는 부탁했던 갈매기 박제를 가져가라고 말하지만, 트리고린은 그 사실을 기억하지 못한다. 아르카디나는 일행과 저녁을 먹으러 식당으로 향하면서 아들에게도 함께 가자고 말한다.

서재에 홀로 남은 트레플레프는 원고를 훑어보며 수정하면서 온통 상투적인 표현뿐이라고 비판하고, 트리고린의 소설과 비교하며 자책한다. 서재 창문을 두드리는 소리.

밖으로 나갔던 트레플레프가 잠시 후에 니나를 데리고 들
어온다. 니나는 아르카디나에게 들키는 것이 두렵다며 문
을 잠그라고 부탁하자, 트레플레프가 한쪽 문을 잠근 다음
열쇠가 없는 문에는 의자를 받쳐놓는다. 니나와 트레플레
프는 서로를 찾아갔었다는 사실을 인정한다. 트레플레프가
몇 번이나 그녀가 묵는 여관방 창밑에 ‘거지처럼 서 있었다’
고 말하자, 니나는 자기도 여러 차례 영지 부근을 맴돌았으
나 박대당할 것이 두려워 만나지 못했고, 몰래 정원에 들어
와 가설무대를 보고 2년 만에 처음으로 가슴이 후련해지도
록 울었으며, 배우가 되었지만 삶이 힘겹다면서 지난 시절
에 그들이 나눈 사랑과 꿈을 되새기고는 ‘내일 아침 일찍’
3등차를 타고 공연을 떠난다고 밝힌다.

트레플레프는 ‘당신을’ 저주하고 편지와 사진들도 찢
어버렸지만 잠시도 잊을 수 없었다면서, 그동안 글이 발표
되더라도 함께 기뻐할 사람이 곁에 없었기 때문에 괴로웠
으며, ‘당신이 걸었던 땅에 입을 맞추곤 했다’고 고백한다.
니나는 ‘말도 안 된다’고 책망하고, 트리고린이 항상 ‘내 꿈’
을 비웃는 바람에 신념과 의욕을 상실한 채 소심하고 형편
없는 연기를 하게 되었다며 참담한 심정을 털어놓고, ‘이제
는’ 즐겁게 연기하고 무대 위에서 펼치는 자신의 아름다움
에 도취되는 ‘진짜 배우’라면서 예술가에게는 명성과 영예
같은 추상적인 것이 아니라 ‘인내’가 중요하다고 결론짓는

다. 트레플레프는 니나는 자신의 길을 발견하고 분명히 알고 있지만, '나는' 아직 신념도 없고 갈 길도 모른다고 탄식하고, 유명한 배우가 되면 찾아오라며 작별을 고하는 니나를 붙잡는다. 니나는 트리고린을 '전보다 더' 사랑한다고 말하고, 지난날 연극을 무대에 올리며 트레플레프와 공유했던 순수와 희망을 추억하면서 희곡 대사를 읊고는 힘껏 포옹한 다음 뛰어나간다. 트레플레프는 원고를 전부 찢어 책상 밑에 던져 넣고 퇴장한다.

아르카디나 일행이 서재로 돌아와 로토놀이를 다시 시작한다. 사므라예프가 갈매기 박제를 건네지만, 또 다시 트리고린은 기억이 나지 않는다고 말한다. 한 발의 총성이 울리자, 아르카디나가 겁에 질린다. 도린이 밖으로 나갔다가 잠시 후에 돌아와 에테르 병이 터진 것이라고 둘러대자, 아르카디나가 '그때 일이 생각나서 눈앞이 캄캄했다'며 안도의 한숨을 쉰다. 도린이 잡지를 들고 미국에 관한 기사가 흥미로운 듯이 트리고린을 한쪽으로 불러내 트레플레프가 자살했으니 아르카디나를 빨리 집 밖으로 데리고 나가라고 속삭인다.

니나가 영지로 돌아오는 사건은 앞부분 세 막의 에필

로그라고 볼 수 있으며, 트레플레프의 자살로 이어지는 것을 제외하면 줄거리 전개에 별 영향을 주지 않는다. 그러나 극적으로는 굉장한 장면이 될 수 있는데, 우리가 마지막으로 그녀의 모습과 목소리를 접한 이래 부분적으로는 그녀가 정서적·신체적으로 많이 변하면서 일어나는 일이기 때문이다. 여기서 니나의 역할은 〈햄릿〉에서 실성한 오필리아의 연기 장면을 연상시킨다. 결국 그녀의 죽음으로 끝나는 그 장면에서는 처음에 얼핏 들어서는 말도 안 되는 소리 같지만, 사실은 분명한 의미와 지혜가 담긴 언어로 말하는 미친 처녀의 고통스러운 정신을 통해 한 공동체의 질병과 상처가 폭로되고 예시되었다. 니나는 이제 트리고린이 구상한 단편소설이 결국 그녀를 희생시켜 성취하는 예언이라는 것을 알기 때문에 자기를 트레플레프가 사냥한 갈매기와 트리고린이 그녀의 운명을 묘사하기 위해 창조한 갈매기의 은유와 비교한다. 이따금 넋이 빠진 듯 횡설수설하는 니나는 마치 2년 사이에 극적으로 바뀐 인생의 돌개바람에 휘말린 것 같은데, 비극적 몰락의 원인과 의미를 해독하려고 노력하는 것 같다. 그녀는 우리가 마지막으로 본 이후에 트리고린과 사랑을 나누었고, 아기를 낳았고, 그 아기가 죽자 트리고린을 잃었고, 이류 배우로 살아가고 있다.

니나는 고난의 세월을 살았지만, 실패한 경험들을 통해 훨씬 더 슬기로워졌다. 고난과 가난에 허덕이면서도 삶은 '인내해야 한다'는 목적이 있다며 더 이상 명성과 찬탄을 얻기 위해 마음을 쏟지 않고, 트레플레프의 사랑을 받아들여 안착하기보다는 트리고린을 향한 사랑의 끈을 놓지 않는다. 트리고린과 함께 지내며 느꼈던 소박한 환희가 비록 미래에 살지 못하도록 만들기는 해도 동시에 앞으로 나아가게 하는 긍정적 경험으로 가슴속에 남아 있는 것. 이제 더 이상 니나는 순진하고 호기심 많고 무턱대고 마음 가는 대로 사랑하면서 살아가는 처녀가 아니며, 삶을 있는 그대로 받아들이고 더 이상 바라지 않는다. 그러나 횡설수설을 통해 자신은 잘 모르고 있는 좀더 깊은 의식이 그녀의 상실을 애도하고 고단함과 눈물 속에서 표면으로 떠오른다.

어떤 사내에게 갈매기처럼 비극적으로 파멸당하는 처녀를 그리겠다는 트리고린의 단편소설은 니나의 운명은 정확히 예고했으나 불굴의 용기로 어두운 과거를 이겨내는 기백은 제대로 포착하지 못했다. 그녀는 수많은 우리들처럼 자신과 삶의 소명에 대한 교훈, 즉 인내를 배운다. 얄궂게도, 창의적인 생각이 담긴 상상력들을 구체화시켜 작품으로 승화시키지 못하는 무능에 마비되어 잃어버린 사랑도 방향성의 부재도 견뎌내지 못하고 자멸하는 사람은 트레플레프이다.

Review

Important Quotations Explained

다음은 주요 인용구 해설입니다.

1. 나는 갈매기… 아냐, 그게 아니지. 나는 배우야. 그렇고 말구.

    ― 제4막. 이 작품에서 갈매기는 여러 가지 의미를 갖고 있다. 니나는 트레플레프가 사냥한 갈매기를 자신의 몰락을 나타내는 상징으로 이용한다. 그녀는 트리고린에게 버림받고 이류 배우로 전락한 이후에 트레플레프를 찾아오기 전에 먼저 '니나'가 아니라 '갈매기'라는 서명으로 편지를 여러 통 보냈다. 니나는 두 가지 생각을 하나로 묶어 자신을 갈매기로 상징하는데, 트리고린이 니나를 갈매기로 은유한 것이 가장 큰 영향을 주었다. 제2막에서 트리고린이 예고한 내용과 똑같이 그녀를 파괴하려 했다는 비극적인 사실을 확정하면서 트레플레프에게 자신을 갈매기라고 묘사하는 것.

    그러나 니나는 철저히 파괴되지 않는다. 그녀의 토막난 말은 불안한 영혼의 목소리처럼 들리지만, 두서없이 지껄이는 말 속에도 의미와 확신이 들어 있다. 순결, 연인, 아기, 재정적 안정은 잃었지만, 긍지와 인내하려는 의지는 지니고 있는 것이다. '나는 갈매기'라고 말했다가 '나는 배우야'라고 바꿔 말한다는 것은 꿈이 아무리 실망스러운 결과를 가져오더라도 포기하지 않고 활동하면서 좌절을 이겨낼 능력에 긍지를 느낀다는 것이다. 이 인용구는 이름을 '갈가마귀'라고

서명하는 물방앗간 주인에 관한 푸슈킨의 소설을 참고하고
있다. 체호프는 '갈매기'를 '갈가마귀'라고 말장난을 치면서,
관객에게 '아냐, 그게 아니지'라고 논평하고, 자기가 통상적
으로 알려진 주제를 떼어냈다는 것을 인식하고 있다는 점을
암시한다.

2.   저는 제 인생을 애도하고 있는 거예요.

— 제1막. "왜 항상 검은 옷을 입고 계시는 거죠?"라는 메드
베덴코의 물음에 대한 마샤의 대답인데, 세계 연극에서 유명
한 말이다. 이처럼 지나치게 우울한 반응은 이 말에 담긴 지
극히 염세적인 철학으로 웃음을 자아낸다. 마샤의 환심을 사
려고 하는 매드베덴코의 간절한 마음과 병치된 간결하면서
도 꾸밈없는 대답은 그녀가 굳이 메드베덴코만이 아니라 어
떤 일에도 전혀 관심을 보이지 않기 때문에 재미있다.

이 인용구는 이 희곡의 논제 같은 것을 제시하면서, 일부
등장인물들이 적극적으로 해답을 찾으려고 하는 삶의 의미
와 목적에 의문을 제기하는 실존적 주제의 초석을 놓는다.

**3.   단편소설로 쓸 만한 주제로군요. 호숫가, 지금까지 그 옆에서만 살
아온 당신 같은 아가씨… 그녀는 갈매기가 사랑하는 방식으로 호수
를 사랑하고, 갈매기처럼 행복하고 자유롭지요. 그런데 어떤 사내
가 지나가다 그녀를 보고 인생을 망쳐놓는 겁니다. 달리 할 일이 없
기 때문이죠. 여기 있는 이 갈매기처럼 그녀를 파괴하는 겁니다.**

— 제2막. 트리고린이 단편소설에 대한 구상을 묘사하면서
니나를 은유적으로 트레플레프가 사냥한 갈매기에 비유하
는 장면. 뻔뻔스럽게도 니나의 인생을 소설 주제로 삼으려는
속셈을 드러내면서, 자신의 목적을 위해 주변사람들의 삶을
이용할 능력이 있다는 것을 보여준다. 주위에서 목격하는 것

을 소설로 꾸며낸 작가로 성공한 트리고린이 노골적으로 니나를 이용하고 계속 써먹다가 더 이상 필요 없어지면 버리겠다고 예고하는 것인데, 바로 이것이 결국 그가 하는 짓거리다. 이 인용구는 주변사람들에게 기생하는 트리고린의 본성을 드러내지만, 그의 행동에는 복선이 깔려 있지 않기 때문에 악당은 아니다. 니나에 대한 계획을 솔직하게 인정하고 끝까지 이기적인 욕망에 충실한 것.

4. **여기서 당신과 이야기를 나누며 들떠 있으면서도 마음 한편으로는 끝내야 할 소설이 있다는 것을 한시도 잊을 수가 없어요. 저기 저 하늘에 피아노처럼 생긴 구름을 보고, 헬리오트로프 향기라도 맡으면 머릿속에다 기록합니다. 희미하고 달콤한 냄새, 미망인의 색깔, 그렇지, 여름 저녁을 묘사할 때 사용하자.**

— 제2막. 트리고린은 니나가 자기에게 관심을 보이자, 가슴이 설레는 상태에서도 그 순간을 충실하게 음미하지 못한다. 우리는 그의 언어를 통해 트리고린에게 뛰어난 재주가 있다는 것을 확신하게 된다. 트레플레프보다 한결 자연스럽게 글쓰기에 다가가는 것. 트리고린의 갈등은 수동성과 능동성 사이에 있다. 소설의 소재를 자기 인생의 세세한 부분에서 빌려오지만, 이 대목에서는 관찰자의 입장이 더 편안하기 때문에 '지금-여기'의 인생을 있는 그대로 살아가기가 어렵다는 것을 깨닫게 된다. 니나는 트리고린이 그의 인생에서 능동적 참여자의 역할을 맡게 만든다. 서로를 향한 그들의 욕망이 맞아떨어지면서 트리고린은 하나의 결정을 내리지만, 그녀를 향한 욕망을 깨닫게 되는 흥분 속에서도 주변 세상에서 일어나는 세세한 상황과 특정한 감상에 신경을 쏟느라 그 느낌이 산만해진다. 니나에게 느끼는 감정에 몰입하지 않고, 구름, 꽃, 냄새에 신경을 쓰면서 그 순간을 글로 기

록하게 될 미래를 위해 문장들의 어구를 궁리하는 것. 트리고린은 자기가 속한 환경을 강하게 의식하고 지나치게 얽매일 수밖에 없는 인물이라고 묘사될 수 있다. 그의 생각들은 정확하고 꼼꼼한 경향이 있으며 상상력이 풍부하고 창의적인 정신을 드러낸다. 그가 환희에 휩싸이는 이유는 부분적으로는 어떤 상황을 곁에서 바라보고 기록하는 입장에서 결정하고 모험하는 입장으로 바뀌기 때문이다.

5. **사람들의 운명이란 정말 천차만별이에요. 개중에는 남의 눈에 띄지도 않고 지루하게 마지못해 살아가는 사람들이 있는데, 너나 할 것 없이 모두 불행하죠. 다른 한편으로는 이를테면 선생님 같은 사람들도 있어요. 백만 명에 한 명 꼴이죠. 선생님은 행복하신 거예요.**

— 제2막. 니나는 세상을 흑백으로 쳐다보고, 사람들을 두 집단, 즉 자신의 운명을 창조하는 사람들과 삶이 그들의 운명을 형성하도록 내버려두는 사람들로 나눈다. 그녀는 창조적인 삶에 외경심을 가득 품고 행복을 부여한다. 체호프는 이 견해를 예술적인 삶을 추구하지만 참담함을 느끼고 만족하지 못하는 트레플레프와 대비시켜 강조한다. 트리고린도 행복한 사람이라고 말할 수는 없다. 자신의 인생을 돌아보는 시간을 갖지 않고, 제1막에서 아르카디나가 지적한 대로 다른 사람들이 그에 관해 이야기하려 들면 싫어한다. 체호프는 남의 눈에 띄지 않고 살아가는 불행한 사람들에 관한 니나의 진술도 견제한다. 마샤와 폴리나처럼 트리고린과 아르카디나만큼 유명하지 못하고 불행한 인물들이 있다. 그러나 도른과 소린은 그들의 인생을 비판하고 유감스러운 일들도 있을지 모르지만, 불행하지 않다. 도른은 부인네들의 인기와 은퇴생활을 즐기고, 소린은 사랑하는 사람들과 함께 지내는 것을 즐긴다. 사므라예프는 비록 자기주장을 내세우기는 해

도 아르카디나와 어울리고 훌륭한 이야기를 나누면서 기쁨
을 얻는다. 일반화 성향 때문에 순진하고 어떤 일에도 쉽사
리 감동하게 되는 니나는 꿈이 이루어지거나 목표가 성취되
는 삶을 살아간다면 만족하고 행복할 것이라고 믿는다. 트리
고린은 자기는 명성을 얻었으되 결코 작업을 끝낼 수 없고
항상 일에 쫓기기 때문에 전혀 행복하거나 만족스럽지 않다
는 말로 니나의 생각을 반박한다. 한 편의 소설을 끝내면, 그
것은 이제 더 이상 그에게는 중요하지 않고, 따라서 다음 소
설이라는 문제를 풀어야 하는 것이다.

한편, 두 부류의 인간, 즉 행복한 사람과 불행한 사람에
대한 니나의 생각은, 부분적으로는 많은 것을 이루었고 특권
과 자신감 넘치는 삶을 살고 있는 트리고린의 입장에 의해
옹호된다. 니나는 트리고린이 자신의 특권들과 행운을 제대
로 인식하지 못한다고 지적한다. 이런 식으로 보면 트리고
린은 행복을 느낄 것이 많다는 그녀의 말은 옳지만, 그럼에
도 불구하고 그 주장은 성공적인 예술가들과 지성인들을 가
장 높은 대좌에 올려놓는 고전주의적 견해가 되고, 이 작품
의 서두에서 시작된 메드베덴코와 마샤의 대화를 계속하고
있는 것이다. 그들은 행복의 요소에 대해 의견을 주고받았다.
마샤는 진정한 사랑을 선택했고, 메드베덴코는 돈 걱정에서
자유로운 삶을 선택했다. 이 같은 의견 차이와 상통하는 니
나의 견해는 행복에 대한 불가해하고 사사로운 정의를 개인
적인 해석이라고 설명하는 것을 돕는다.

6. 연세가 예순이세요. 약은 아무 도움도 안 된다구요.

— 제2막. 여러 사람이 모여 대화를 나누는 사이에 잠시 코
를 골다 깨어난 소린에게 아르카디나가 치료를 착실히 받지
않는 것 같다며 나무라자 소린이 '의사 선생' 핑계를 대고,

이어 도른이 반박하는 장면. 도른은 소린이 젊은 시절부터 생명을 소중히 다루지 않고 여전히 '이성을 잃게 하는' 술과 담배도 끊지 못하면서 치료 운운 하는 것은 옳지 못한 태도라고 일침을 놓는다. 그리고 제4막에서 소린이 꿈은 많았으나 하나도 이룬 것이 없다고 후회하면서 '살고 싶다'고 하소연하자, '자연법칙에 따라 모든 삶에는 끝이 있다'면서 '죽음의 공포'를 이겨내야 한다고 말한다.

체호프는 의사였고, 도른은 그가 창조한 의사들 가운데 한 사람이다. 체호프 역시 건강이 좋지 않았으며, 소린처럼 대부분의 성인 시절을 폐결핵에 시달렸다. 도른의 냉담한 태도와 치료를 바라는 소린의 마음은 모두 자신의 건강에 대한 체호프의 견해를 반영했을 가능성이 크다. 의사로서 체호프는 자신의 상태를 잘 알았을 것이며, 좀더 일찍 건강에 신경을 쓰지 못한 것을 후회하면서 따뜻한 위로 정도는 받고 싶었을지 모를 일이다.

제목: 갈매기 The Seagull

작가: 안톤 체호프 Anton Chekhov

작품 유형: 희곡

장르: 비극적 희극

집필 언어: 러시아어. 영어판은 폴 쉬미트 번역

집필 시기와 장소: 1895년, 러시아

초판 발행일: 적용 불가(연극)

출판사: 하퍼콜린스, 하퍼플라밍고 판 HarperCollins, HarperFlamingo edition

화자: 없음

관점: 적용 불가(연극)

어조: 불합리하고 존재론적

시제: 적용 불가(연극)

배경(시간): 1895년경 여름과 2년 후

배경(장소): 소린의 영지와 농장

주인공: 콘스탄틴 트레플레프, 이리나 아르카디나, 니나, 보리스 트리고린

주요 갈등: 콘스탄틴 트레플레프는 작가로서 성공하기를 바라고, 유명한 연극배우인 어머니와 어머니의 연인인 유명 작가 보리스 트리고린에게 재능을 인정받고 싶은 마음이 간절하다. 어머니와 트리고린은 그의 능력에서 뛰어난 점을 발견

하지 못한다. 트리고린은 아무런 도움말도 주지 않고, 어머니는 새로운 형태의 연극과 글을 창조해내려는 아들의 목표에 대해 경쟁의식과 깔보는 태도를 견지하면서 방해만 한다. 트리고린은 트레플레프가 사랑하는 니나를 가로채 사랑 놀음을 펼치면서 트레플레프와 아르카디나의 마음을 아프게 만든다.

상승: 니나가 트리고린에게 작별선물로 그의 이름 첫글자들과 작품의 제목, 그리고 특정 쪽수와 행수를 새겨넣은 로켓을 건넨다. 트리고린은 아르카디나에게 니나와 사랑을 나눌 수 있도록 보내달라고 간청하고, 아르카디나가 감언이설로 붙잡자 뜻을 꺾는다. 니나는 배우가 되고 트린고린과 가까이 지내기 위해 모스크바에 가기로 결심한다.

클라이맥스: 니나와 트리고린은 입을 맞추고 모스크바에서 다시 만나기로 약속한다.

하강(클라이맥스 다음 이야기): 제4막, 트리고린은 양다리를 걸친 채 니나와 함께 살다가 아이가 죽자 아르카디나에게 다시 돌아간다.

주제: 예술가는 삶과 사랑에서 어떤 역할을 하는가?, 자아의 평가, 실존주의와 삶의 의미

모티프: 짝사랑, 실존적 위기, 실존의 평범성

상징: 갈매기, 호수, 날씨

전조: 제2막, 트레플레프가 사냥한 갈매기를 니나의 발밑에 내려놓고 '머지않아 나도 이것처럼 자신을 쏠 것'이라며 자살을 예고한다. 트리고린이 새로운 단편의 주제가 떠올랐다며 어떤 사내가 심심풀이로 '당신 같은' 처녀를 데리고 놀다가 '이 갈매기처럼' 파멸시킨다는 이야기를 들려주는데, 바로 그들 관계의 종착지를 예고하는 것이다.

다음 질문에 대해 간단히 서술하시오.(−부분은 참고만 할 것)

1. 무대 밖에서 벌어지는 중요한 사건들을 꼽는다면? 이 사건들이 무대 위에서 펼쳐졌다면 〈갈매기〉는 어떤 종류의 희곡이 되었을까? 체호프는 왜 이 사건들을 무대 밖에서 벌어지도록 처리했을까? 그 선택은 어떤 효과를 나타내는가?

   — 〈갈매기〉에서 주요 사건들은 대부분 무대 밖에서 벌어진다. 인생을 바꾸는 사건들이 포함되는 주요 사건들은 거의 모두 제3막과 제4막 사이에서 일어나며, 마샤와 메드베덴코의 결혼과 득남, 트리고린과 니나의 연애 및 아기의 출생과 죽음, 니나가 배우가 되고 트레플레프가 명실상부한 작가가 되는 것 등이다. 이 사건들이 무대 위에서 직접 펼쳐졌다면 이 희곡은 훨씬 더 길어졌을 것이고, 어쩌면 아르카디나가 연기하는 희곡들 같은 멜로드라마가 되었을지 모른다. 체호프 이전에는 적어도 일부 사건들은 무대 위에서 벌어졌을 것이다. 〈햄릿〉, 〈라 보엠 *La Boheme*〉, 〈안티고네 *Antigone*〉, 〈헛소동 *Much Ado About Nothing*〉, 또는 체호프 이전의 희곡이나 가극들을 생각해 보라. 이 작품들은 하나같이 모두 무대 위에서 사람들이 죽고, 병들고, 결혼하거나 싸운다. 체호프는 주요 사건들이 사람들의 성격에 영향을 주거나 주지 않는 방식에 더 관심이 많았다.

   〈갈매기〉의 등장인물들에 대해 극적인 것은 우리가 그 인물들의 행동을 보는 것이 아니라, 그들이 하는 말을 듣고 서로 말하지 않기로 결심한 것이나 말할 수 없는 것 때문에 어떻게 영원히 변하는지를 보는 것이다. 제4막에서 니나를 다시 만난 트레플레프는 여전히 트리고린을 사랑한다는 니나에게 절절한 마음으로 사랑을 고백할 때 엄청난 신념의 도약을 보여주는데, 우리는 니나가 트리고린에게 가버린 이후에 그가 얼마나 괴로워했는지 알기 때문에 그에게 측은한 마음이 생기고, 그 장면은 극적인 순간이 된다. 트레플레프가 그녀를 얼마나 사랑하는지, 그래서 그녀가 다시 떠나는 순간이 얼마나 심각한 아픔인지는 몇 분 뒤 총성이 입증하고, 총성은 자살 이유를 이해하는 우리에게 의미를 갖게 된다. 그의 자살은 무대 위에서 펼쳐질 광경이 아니라 트레플레프라는 인물의 내면적 사유에 대한 사건이 된다. 이런 식으로 관객인 우리는 그의 삶—실수와 치열한 노력들—에 대해 생각할 수 있고, 무대 위에서 죽어가거나 피를 흘리는 배우의 연기력에 마음을 빼앗기지 않으면서 그것들을 우리 자신의 삶과 비교할 수 있는 것이다.

2.   아르카디나는 마음이 따뜻한 인물인가, 아닌가? 그 이유는?

— 아르카디나는 따뜻한 인물일 수 있지만, 전적으로 그렇지는 않고 사실상 냉정한 인물에 가깝다. 체호프가 창조한 인물들 가운데 〈세 자매〉의 나타샤 이외에는 철저히 냉정한 인물은 있다고 해도 극소수다. 등장인물들을 판단하지 않기로 결정한 체호프는 선과 악 등으로 묘사하는 대신, 동일한 상황에서 인물들 스스로 대처할 수 있는 몇 가지 상이한 방식을 제시하고, 관객이 등장인물들의 행동을 직접 판단하도록 만든다. 아르카디나는 허영심이 강하고, 이기적이고, 남에게 지기 싫어하고, 심지어 아들의 자존심을 꺾어서라도 관심의 초점이 되어야 직성이 풀리는 자기중심적인 인물이라고 말할 수 있다. 아들의 연극을 망치면서, 아들이 그 연극을 공연하기 위해 얼마나 애를 썼는지 또는 그 공연이 아들에게 얼마나 중요한지 따위에는 마음을 쓰지 않는다. 그러나

연인 트리고린의 마음을 훔치는 니나에게 보이는 질투는 정당하다고 할 수 있다. 아르카디나는 이따금 언뜻언뜻 따뜻하고 연약한 모습을 보이기도 하는데, 그녀가 옆집의 불쌍한 여자를 도와주었다는 트레플레프의 어린 시절 기억과 아들의 붕대를 갈아줄 때, 오빠 소린의 건강을 걱정할 때, 트리고린에게 자기를 버리지 말라고 애원할 때, 등이다. 이 같은 모습 때문에 관객들은 아르카디나가 철저히 냉정한 성격만 지녔다고 볼 수 없게 된다.

3. **이 작품이 전개되면서 니나의 성격은 어떻게 변하는가?**

— 니나는 트레플레프의 관념들 속에 열정, 희망, 두려움, 신념으로 들어온다. 유명한 작가 트리고린 앞에서 연기하게 되자 마음이 들뜬 나머지 트레플레프의 희곡은 '살아 있는 인간이 없기 때문에 연기하기 힘들다'고 투덜대는 모습에서 트레플레프의 재능에 대한 평가는 약해지고 있으며, 마음은 트리고린에게로 쏠린다. 그리고 트리고린이 모스크바로 떠날 때는 배우가 되려는 야심과 트리고린을 향한 열정을 작별선물인 로켓에 담아 표현하는 대담성을 내보인다. 제3막과 제4막 사이의 2년 동안에는 대배우가 되려던 꿈은 좌절되고, 트리고린의 사랑도 아기를 잃으면서 끝났으며, 신념과 의욕을 상실 한 채 이류 배우로 살다가 제4막 끝부분에서 트레플레프를 찾아오는데, 제2막에서 트리고린이 죽은 갈매기에 비유하며 예측한 것처럼 거의 철저히 파괴되고 지친 모습이다. 그러나 이제는 그녀의 말마따나 성공이나 명성 같은 '추상적인 것'이 아니라 자신을 사랑하고 시련과 좌절들을 견뎌낼 의지를 믿으면서 점차 강해지고 있다. 권태와 짝사랑의 아픔을 잊기 위해 메드베텐코와 결혼하는 마샤와 달리, 트리고린을 향한 사랑이나 대배우의 꿈을 이루지도 못하

고 수많은 시련들을 이겨내며 혼자 힘으로 살아가려면 분명히 고생스럽겠지만, 신념을 버리지 않을 의지와 힘을 자랑스러워하는 것.

4.   이 작품에서 세 차례의 특별한 순간에 날씨는 사건들을 어떻게 반영하는가?

5.   트레플레프는 비극적 인물인가, 희극적 인물인가, 아니면 비희극적 인물인가? 하나를 고르고, 그 증거를 이 희곡에서 제시하라.

6.   이 작품에 마샤가 등장하는 이유는? 그녀의 성격은 이 희곡의 이야기와 주요 인물들을 이해하는 데 어떤 도움을 주는가?

7.   이 희곡에서 반복되는 관계의 유형들은? 병치적 묘사들은 어떤 효과를 나타내는가?

8.   〈갈매기〉는 관념 희곡인가, 아니면 행동 희곡인가? 이 작품에서 일상 언어는 등장인물들의 삶을 어떻게 바꾸는가?

9.   트리고린은 악당인가, 아닌가? 하나를 고르고, 그 이유를 제시하라.

다음 질문에 알맞은 답을 고르시오.

1. **이 희곡의 배경이 되는 영지의 주인은?**
    A. 아르카디나
    B. 트리고린
    C. 정부
    D. 소린

2. **메드베덴코가 사랑하는 사람은?**
    A. 마샤
    B. 폴리나
    C. 니나
    D. 아르카디나

3. **트레플레프의 연극에서 주인공을 맡은 사람은?**
    A. 그 자신
    B. 니나
    C. 그의 어머니 아르카디나
    D. 메드베덴코

4. **트레플레프의 희곡이 지닌 가치를 인정하는 사람들은?**
    A. 아르카디나와 트리고린
    B. 니나와 트리고린
    C. 아르카디나와 소린
    D. 소린과 도른

5.   〈갈매기〉에서 사랑의 삼각관계를 이루는 사람들은?

A. 폴리나, 소린, 트리고린

B. 트레플레프, 니나, 트리고린

C. 도른, 마샤, 사므라예프

D. 트레플레프, 니나, 소린

6.   아르카디나의 특징을 가장 잘 묘사하는 것은?

A. 사랑이 넘치고 관대하다.

B. 젊고 재능이 뛰어나다.

C. 이기적이고 남에게 지기를 싫어한다.

D. 용기와 기운을 북돋워준다.

7.   니나가 간절히 되고 싶은 것은?

A. 대배우

B. 작가

C. 유부녀

D. 화가

8.   니나가 트리고린에게 작별선물로 건네는 물건이 특별한 이유는?

A. 황금으로 만든 물건이기 때문에

B. 심장의 형상으로 만들어졌기 때문에

C. 트리고린의 소설 가운데 한 대목을 가리키는 쪽과 행의 숫자가
   새겨져 있기 때문에

D. 그녀의 이름을 나타내는 두문자들이 새겨져 있기 때문에

9.   트리고린이 가장 즐기는 취미는?

A. 낚시

B. 스키

C. 테니스

D. 탐조(探鳥)

10. 아르카디나와 트레플레프는 어느 희곡의 대사로 서로를 조롱하는
가?

A. 〈오클라호마〉

B. 〈세일즈맨의 죽음〉

C. 〈햄릿〉

D. 〈줄리어스 시저〉

11. 〈갈매기〉의 시간적 배경은?

A. 1810년대

B. 1910년대

C. 1860년대

D. 1890년대

12. 트레플레프와 마샤 모두에게 해당하는 것은?

A. 예술가다.

B. 삶에 만족한다.

C. 쾌활하다.

D. 울적하다.

13. 니나와 트리고린의 아기는 어떻게 되는가?

A. 죽는다.

B. 부모에 의해 양부모에게 입양된다.

C. 아르카디나가 자식으로 삼아 키운다.

D. 니나가 낳다가 죽는다.

14. 트리고린이 니나와 연애하는 이유는?

    A. 아르카디나에게 싫증이 났기 때문에

    B. 니나와 결혼하고 싶기 때문에

    C. 니나가 그를 미국으로 데리고 갈 수 있기 때문에

    D. 청춘의 환희들을 맛보지 못했다고 생각하기 때문에

15. 마샤와 결혼하는 사람은?

    A. 메드베덴코

    B. 트레플레프

    C. 소린

    D. 그녀는 결혼을 하지 않는다.

16. 폴리나가 남편 사므라예프에게 느끼는 감정은?

    A. 사랑

    B. 연민

    C. 혼란

    D. 질투

17. 작가 체호프처럼 직업이 의사인 사람은?

    A. 소린

    B. 사므라예프

    C. 도른

    D. 니나의 아버지

18. 갈매기를 엽총으로 쏘아 죽이는 사람은?

    A. 니나

    B. 트레플레프

C. 트리고린

D. 메드베덴코

19.   이 희곡의 말미에 벌어지는 사건은?

A. 트리고린이 니나에게 다시 받아달라고 간청한다.

B. 아르카디나가 니나를 살해한다.

C. 트레플레프가 자살한다.

D. 니나가 트레플레프에게 돌아가 결혼한다.

20.   트리고린은 유명한 (   )다.

A. 배우

B. 신문기자

C. 화가

D. 소설가

21.   트레플레프가 새로운 형식들을 창조하고자 하는 분야는?

A. 회화

B. 연극과 저작

C. 정부

D. 연기

22. 도른은 트레플레프가 자살할 때 울린 총성을 무엇이라고 둘러대는가?

A. 바람소리

B. 풍선이 터지는 소리

C. 접시가 깨지는 소리

D. 약병 뚜껑이 튀어나온 소리

23. 끝까지 사랑하는 사람과 헤어지지 않는 사람은?

A. 아르카디나

B. 니나

C. 트레플레프

D. 마샤

24. 트레플레프가 사냥한 갈매기는 어떻게 되는가?

A. 트레플레프가 땅에 묻는다.

B. 사므라예프가 트리고린을 위해 박제로 만든다.

C. 니나가 기념품으로 보관한다.

D. 날아간다.

25. 아르카디나와 사므라예프가 다투는 이유는?

A. 부엌을 이용하는 문제

B. 농장의 말들을 사용하는 문제

C. 아르카디나의 유명세를 놓고

D. 하인들의 급료 때문에

정답 |

1. D　2. A　3. B　4. D　5. B　6. C　7. A　8. C　9. A　10. C

11. D　12. D　13. A　14. D　15. A　16. C　17. C　18. B　19. C　20. D

21. B　22. D　23. A　24. B　25. B

미국에서 1억부 이상 판매된 기적의 논술가이드
클리프노트가 한국에 상륙했다!!

방대한 고전을 하루만에 독파하는 스피드
다락원 명작노트 **CliffsNotes™** 시리즈는

▶ 미국대학위원회, 서울대, 연·고대 추천 고전을 알기 쉽게 재구성한 대한민국 대표 논술교과서입니다. ▶ 작품의 핵심내용과 사상, 역사적 배경, 심볼, 작가의 의도 등을 명확하게 정리하여 방대한 원작을 쉽고 빠르게 이해할 수 있게 해줍니다. ▶ 미국에서 리포트, 논술용으로 1억 부 이상 팔린 초베스트셀러의 명성에 비평적 사고와 논리적 글쓰기의 모델을 제시하는 〈一以貫之〉의 논술 노트를 통해 사고 능력, 읽기 능력, 쓰기 능력을 체계적으로 길러줍니다.

★ 〈一以貫之〉 논술연구모임: 대입 논술이 시작될 때부터 학원과 학교에서 논술을 가르쳐온 전문가들의 모임입니다. 현재 서울·분당·평촌·인천·광주·부산·울산 등의 유명 학원과 고등학교의 논술강의 현장에서 학생들이 '자신의 물음'과 '자신의 생각'을 갖고 '자신의 글'을 쓸 수 있도록 도와주고 있습니다.

다락원 명작노트 CliffsNotes™ 시리즈 50권 출간

001 걸리버 여행기　002 동물농장　003 허클베리 핀의 모험　004 호밀밭의 파수꾼　005 구약 성서

006 신약 성서　007 분노의 포도　008 빌러비드　009 이반 데니소비치의 하루　010 카라마조프 가의 형제들

011 순수의 시대　012 안나 카레니나　013 멋진 신세계　014 캉디드　015 캔터베리 이야기　016 죄와 벌

017 크루서블　018 몽테크리스토 백작　019 데이비드 코퍼필드　020 프랑켄슈타인　021 신곡

022 막대한 유산　023 햄릿　024 어둠의 심연 外　025 일리아드　026 진지함의 중요성　027 제인 에어

028 앵무새 죽이기　029 리어 왕　030 파리대왕　031 맥베스　032 보바리 부인　033 모비딕

034 오디세이　035 노인과 바다　036 오셀로　037 젊은 예술가의 초상　038 주홍 글씨　039 테스

040 월든　041 워더링 하이츠　042 레미제라블　043 오만과 편견　044 올리버 트위스트　045 돈키호테

046 1984년　047 이방인　048 율리시스　049 실낙원　050 위대한 개츠비

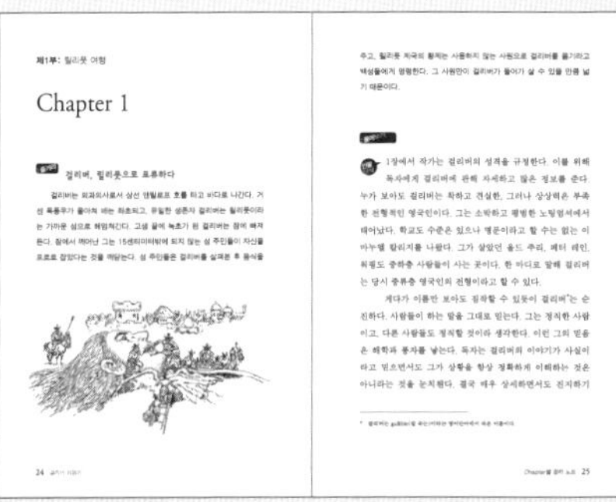

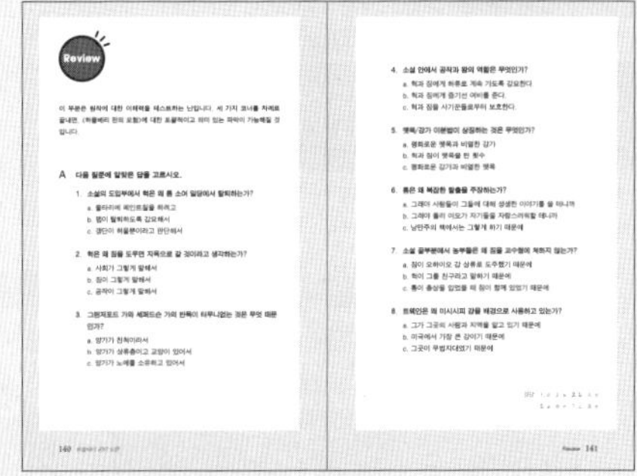

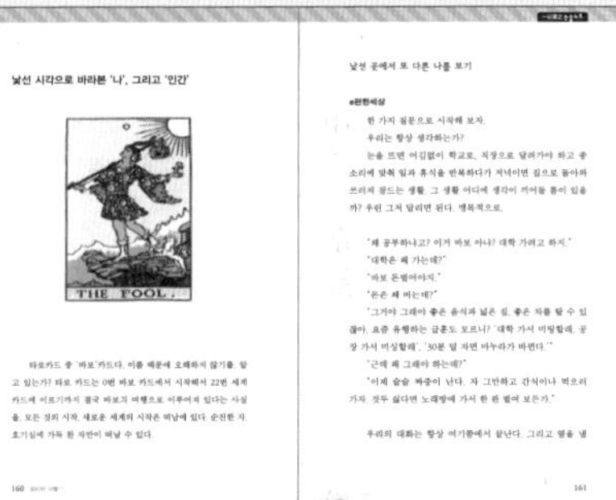

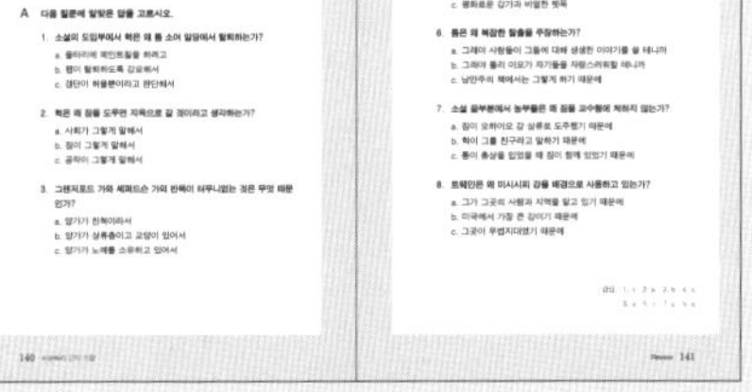

작가 노트 | 작가에 대해 꼭 알아야 할 배경지식이 담겨 있습니다.

작품 노트 | 작품의 개요, 전체 줄거리, 등장인물 등 작품 전반을 이해하는 데 필수적인 부분을 실어 놓았습니다.

Chapter별 정리 노트 | 각 장의 '줄거리'와 '풀어보기'가 들어 있습니다. '줄거리'에서는 원작의 내용을 명쾌하게 파악할 수 있습니다. '풀어보기'에서는 원작에 담긴 문학적 경향, 주제, 상징 등을 다루었습니다.

인물분석 노트 | 등장인물에 대한 보다 면밀한 분석이 들어 있습니다.

마무리 노트 | 작품의 주제 등 보다 넓은 시각에서 작품을 볼 수 있도록 도와줍니다.

Review | 작품 이해도를 묻는 질문 코너입니다. 다양한 질문에 답하다 보면 작품에 대한 포괄적이고 의미 있는 파악이 가능해집니다.

一以貫之 논술 노트 | 권말에는 일이관지 논술연구모임에서 작성한 해당 작품과 관련한 논술 노트가 실려 있습니다. 원작을 우리의 삶과 연계시켜 비판적 사고와 논리적 글쓰기의 방향을 제시합니다.

실전 연습문제 | 해당 작품을 바탕으로 출제 가능성이 높은 논점을 함께 숙고해 봅니다.

★ 변형 국판　★ 각권 8,500원

〈행복한 명작 읽기〉는 기초가 약한 영어 초급자나 초, 중, 고 학생들이 보다 즐겁고 효과적으로 명작들을 읽으며 독해력을 키울 수 있도록 개발된 **독해력 증강 프로그램입니다.**

책의 특징

1 골라 읽는 재미가 있다. 초보자를 위한 350단어 수준에서 중고급자를 위한 1,000단어 수준까지 5단계 구성.

2 단계별로 효과적인 영어 읽기 요령과 영문 고유의 참맛을 느낄 수 있는 장치가 곳곳에.

3 읽기만 해도 영어의 키가 쑥쑥 – 해석을 돕는 돼지꼬리(◠), 영어표현 및 문법 설명, 퀴즈가 왕창.

4 체계적인 듣기 학습까지. 전문 미국 성우들의 생동감 넘치는 원음을 담은 오디오 CD 제공.

국판 | **Grade 1, 2, 3 각권 6,000원**
(오디오 CD 1개 포함)

Grade 4, 5 각권 7,000원
(오디오 CD 1개포함)

*어린왕자 8,000원
(오디오 CD 2개 포함)

**고도를 기다리며 9,000원
(오디오 CD 2개 포함)

✖ 왕초보 기초다지기 ✖

쉬운 영문을 통해 영어 독해에 대한 막연한 두려움을 없앤다.

Grade 1   Beginner   350 words

1	미녀와 야수
2	인어공주
3	크리스마스 이야기
4	성냥팔이 소녀 외
5	성경 이야기 1
6	신데렐라
7	정글북
8	하이디
9	아라비안 나이트
10	톰 아저씨의 오두막

Grade 2   Elementary   450 words

11	이솝 이야기
12	큰 바위 얼굴
13	빨간머리 앤
14	플랜더스의 개
15	키다리 아저씨
16	성경 이야기 2
17	피터팬
18	행복한 왕자 외
19	몽테크리스토 백작
20	별	마지막 수업

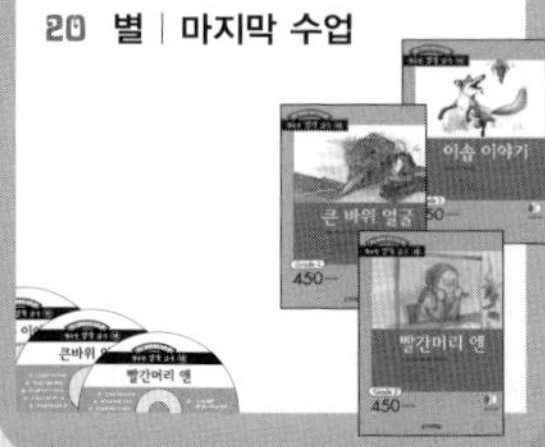

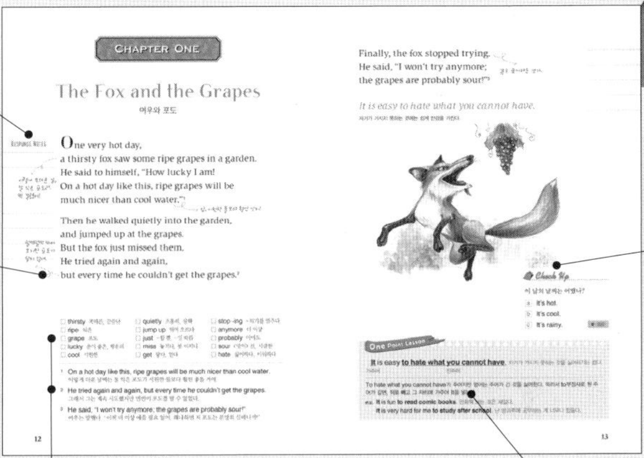

Response Notes
(독자의 공간)
영문을 읽어나가다
궁금한 점, 기억해 두어야
할 점을 메모한다.

해석 도우미
(일명 '돼지꼬리')
꼬리 끝에 해석을 돕는
힌트가 꽂혀 있다.

CHAPTER ONE

The Fox and the Grapes
여우와 포도

One very hot day,
a thirsty fox saw some ripe grapes in a garden.
He said to himself, "How lucky I am!
On a hot day like this, ripe grapes will be
much nicer than cool water."

Then he walked quietly into the garden,
and jumped up at the grapes.
But the fox just missed them.
He tried again and again,
but every time he couldn't get the grapes.

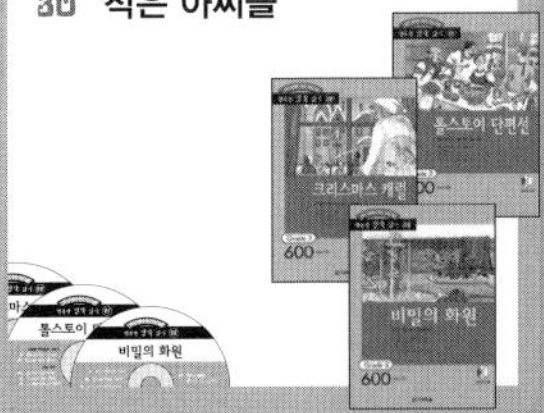

Finally, the fox stopped trying.
He said, "I won't try anymore;
the grapes are probably sour!"

It is easy to hate what you cannot have.

Check Up

It is easy to hate what you cannot have.

Check-Up
내용 파악이
잘 되었는지 확인.

One-Point Lesson
주요 문법사항이나 표현에
대한 심층 분석 코너.

주요 어휘 및 문장 해석

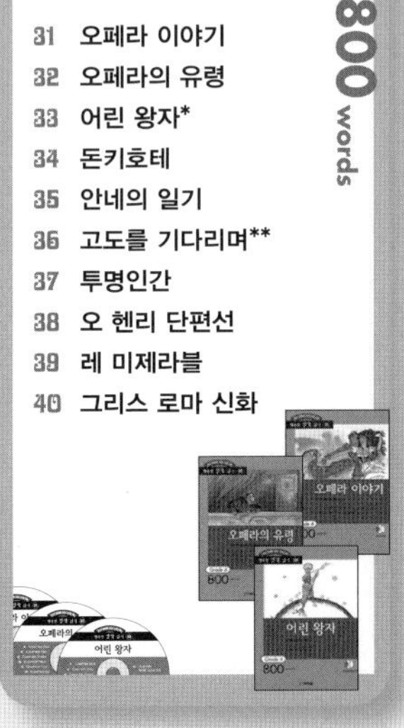

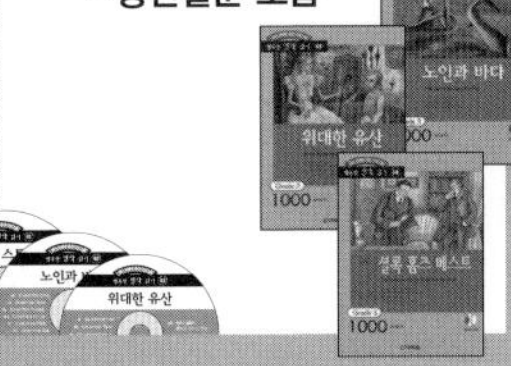

패턴 따라 쉽게 쓰는 틴틴 영어일기 1, 2

❶ 일상생활 패턴정복
❷ 학교생활 패턴정복

중학교에 다니는 여학생과 남학생이 각각 일상생활과 학교생활을 중심으로 1년간의 일을 쉽고 재미있게 쓴 영어일기. 중학생이라면 누구나 한번쯤 겪어봤을 만한 일들을 바탕으로 한 다양한 일기 소재와 어휘가 제공되어 있기 때문에, 영어일기를 통해 영작을 연습하려는 학습자에게 큰 도움이 될 수 있는 교재이다. 중·고생뿐만 아니라, 중학 영어를 미리 예습하려는 예비 중학생들에게도 아주 효과적인 영어 학습서로 강추!

□ 정미선 지음 / 4·6배 변형 / 192면
□ 정가 10,000원 (오디오 CD 1개 포함)

Teen Teen Diary (전3권)

❶ 매일 10단어로 뚝딱 중학생 영어일기

중1 수준의 어휘와 문장으로, 영어일기와 일상회화에 대한 감각을 익힌다.

□ 정미선 지음 / 신국판 / 144면
□ 정가 7,500원 (테이프 1개 포함)

❷ 매일 5문장으로 술술 중학생 영어일기

중2 수준의 어휘와 문장으로, 영어일기에 친숙해지고 자신감을 쌓는다.

□ 정미선 지음 / 신국판 / 152면
□ 정가 7,500원 (테이프 1개 포함)

❸ 매일 내맘대로 쓱싹 중학생 영어일기

중3 수준의 어휘와 문장으로, 중학영어를 마스터하고 미국의 일상회화에 익숙해진다.

□ 정미선 지음 / 신국판 / 144면
□ 정가 7,500원 (테이프 1개 포함)

지니의 미국생활 영어일기 Hello! America (전2권)

❶ 가을학기 ❷ 봄학기

어느 한국 여학생의 미국생활 이야기를 일기 형식으로 담은 책. 1권은 '가을학기', 2권은 '봄학기'편으로, 총 1년간의 미국 학교생활 및 일상생활에 관한 흥미로운 이야기들이 담겨 있다. 미국 학생들의 실생활을 바탕으로 한 탄탄한 스토리로 살아 있는 현지 영어와 미국문화를 체험할 수 있을 뿐만 아니라, 영어 독해 및 영작 연습을 할 수 있는 아주 유용한 교재이다.

□ 이지현 지음 / 국배판 변형 / 152면
□ 정가 8,500원